楢崎皐月

工場を経営した時代

晩年、カタカムナ解読に専念した時代

日本のニコラ・テスラ
ミスターカタカムナ

カタカムナ研究所　天野成美
筑波大学名誉教授　板野肯三

目次

第1部　檜崎皐月からの伝承

天野 成美

はじめに

本書の主人公である、カタカムナ物理を世に出した楢崎皐月という希代の物理学者と、その楢崎先生の後継者であった宇野多美恵先生と私がご縁をいただくことになったきっかけは、「奇跡の治療師」と呼ばれていたある先生から一冊の本を手渡されたことでした。

ここで、その経緯について述べさせていただきます。

その難病専門の治療師の先生との出会いは40年以上も前のことで、私の息子の難聴を治していただいたことから始まりました。

息子が６歳の頃、小学校の入学検査で片方の耳が聞こえていないと言われたことから、当時、大阪府立病院にいらっしゃった有名な耳鼻科の先生に診ていただきました。

それまで息子は元気で、幼稚園の入園時にも問題なかったので、半信半疑のまま病院の診察を受けに行ったのですが、結果は「片方は全く聴力に問題ないものの、もう片方は進行性難聴の可能性があり、少し聴力が弱いので気をつけて育ててください」とのことでした。のんびり構えていた心が引き締まる思いがして、その日のうちに親族に相談したところ、私の父が「奇跡の治療師」を知っている知人がいるというので、私は早速その方の連絡先を聞いて予約を入れることにしました。

というのも、西洋医学では進行性難聴の治療方法は何もないと言われていたからです。

そこで紹介された治療院に予約を入れたところ、朝から食事を取らずにゆったりした着替えを持って来るようにとのことで、息子はその「奇跡の治療師」の治療を受けることになりました。

まず、治療師の先生は息子の体の歪みの場所を示しながら「ここが左右対称になればお引き受けします」と言われ、息子を横たわらせてしばらく眺めながら、2、3箇所を指先で触った後、また2、3分眺めておられました。

そして、最後に息子を正座させて体を確認してから、「お引き受けいたします。8回ほどお越しになったら完治すると思います」と言われ、私は即座に「ありがとうございます。よろしくお願いします」とお願いしました。

そうして6回目の治療を受けた時に、先生から「そろそろ聴力検査に行ってみていただいたらいかがでしょうか」と促されました。

そこで府立病院に出向き、再度息子の聴力検査をしてもらうことにしたのですが、驚くことに、検査の結果、医師からは次のように言われたのです。

「両耳とも正常です。ちゃんと両方聞こえてらっしゃいますよ、小さなお子様の場合は突然このようなことが起こることもあるので、運が良かったですね。あれからまだ2カ月も経っていないので今後の進行状態を見るために3カ月か半年でもう一度聴力検査をしてみてください」

それからすぐに治療師の先生に報告し、７回目の治療を受けました。その時に「もう大丈夫ですよ、普通の生活に戻ってください。そして、天然自然の力で病気が治ったことを感謝して忘れないように。毎日生かされていることへの有難さを感じて、世の中の役に立つ人間になるんですよ」と言っていただき、それが息子の最後の治療となりました。

これが「奇跡の治療師」と呼ばれる先生との最初のご縁で、その後30数年間にわたって50人を超える様々な治療場を失った難病の人たちをその先生の治療院にお連れすることになりました。

その間にいくつも奇跡を見せていただきました。私の主人も、そして私も行くたびに治療をしていただきました。私は子供の頃からB型肝炎の持病があって、過労によって一度劇症肝炎になり後ほぼ体調は戻っていたのですが、先生の治療を受けてさらに体調も良くなり人一倍働いても何ともない健康な体を手に入れることができたのです。

ところが、そんなある日、朝起きると歯茎が腫れて痛みで噛めない状態になったことから、久しぶりに先生に電話をかけたところ、鹿児島県に移転されたとのことでした。

それですぐに鹿児島の治療院まで出向いたのですが、先生は到着した私に向かってこう言われました。

「あなたには、以前、私の後継者にしようと思ってお願いしたこともあるけれど、医療の仕事はしたくないと言われましたね。もう自分で自分を直すことができるようになったのに、なぜ今日私のもとに来られたのですか⁉」と。

私が少し面食らったように「症状もこんなひどい状態ですし、お電話をしたら来てもいいと言われましたので参りました」と申し上げたところ、「今日は私は治しません。その代わりにこの本を1冊差し上げますので、これをお持ち帰りになってください。何か変化があって良い方向に向かったら必ずその本の最後に住所が書いてありますのでそこの先生にお礼参りに行かれることをお約束ください」と言われ、追い返されてしまいました。

さまざまな奇跡を見てきた私にとってこれも何か意味があるのだろうと思いつつ、鹿児島から大阪に帰る飛行機の中で先生からいただいた本を何気なくめくってみたら、開いたページの中にカタカナで「イヤシロスベ」と書かれた文字が目に飛び込んできました。

その文字は、他の文字よりも少し大きく浮き上がってきたように見えました。何となく意味がわかるような気がして、ページを読み始め、すべて読み終わる頃には肩のあたりが軽くなったような気がしたので、思わず歯を思わず触っていました。

すると、ちょっと触っただけでも痛かったグラグラだった歯が、元のように歯茎が締まって何の異常もなかったかのようにしっかりと通常の歯に戻っていたのです。

その本に書かれていたのは「カタカムナ・相似像」と呼ばれるもので、著者は宇野多美恵氏、私はその時にカタカムナ、そして宇野先生の存在を初めて知りました。

私はすぐに、約束通りその本に書かれていた住所にお礼参りに行くことに決めました。

宇野先生のお宅は東京の神泉にあって、私はさっそく書かれていた住所を調べてお礼参りにとお宅に伺ったのですが、玄関の呼び鈴を鳴らしたらお留守のようでした。

仕方なく家の周りの扉で開いているところはないかと周りを回りながら玄関の扉に手をかけた時、後ろから「あなたなんですね」という声が聞こえてきました。

ふり返ると、「今日お越しになる人がいるということで、予定を変更したんですが、どちら様からのご紹介ですか？」と尋ねられたので、宇野先生だとわかりました。「九州の鹿児島に住んでおられる難病治療師の方からご縁をいただいて、イヤシロスベを経験して不調も直していただきましたのでご挨拶に参りました」と私が申し上げたところ、「まぁ、お上がりになってください」と快く家の中に招き入れてくださいました。

この時が宇野多美恵先生との初めての出会いです。宇野先生は初対面の私にむかって、「これが相似像という私の著作本です。あなたはこれを勉強することになるでしょう。これはご縁ですから、ご縁を大切に今後ご精進ください」と言われました。

当時、私はまだ現役で事業をしていたので、お礼参りに来ただけですとお伝えしたのですが、先生は「あなたにはこれを学んでいただければならないのです」と言われ、「あなたの鎖骨の形がそれを物語っているの。そしてあなたが学んだことが必要な時代が来る頃には私は多分もういないので、よろしくお願いね」ともおっしゃられました。

そこで、私が「お弟子さんは他にはいらっしゃらないのですか？　なぜ突然参りました私が勉強を始める必要があるのでしょうか⁉」と申し上げたところ、「この本にはとっても大切なことがまとめてあるの。そしてそれは次の時代の代わりに必要なものなの。だから後継者と決めたお弟子さんはいるんだけれども、もう一人教えておく必要私は感じているのです。それがあなたなのです」と言われました。

宇野先生は、カタカムナ文字についてこのようにおっしゃられました。

大切な日本の隠されたカタカムナという文字の解説。この文字はとても大きな力を持ち日本人が最初に出会った文字であり、世界で最も古い文字なので伝承していかなければならない。

その上、次の時代が変わり目はとても大きいものだから、私の命も足りないし、あなたの命も足りないかもしれない。けれども、どうしても守り抜かなければならない、大切な、大切な上からのメッセージ。だからあなたに勉強してほしい。

私はよくわからないままも、現に子供も治していただき主人の病気や私の肝臓も無事にここまで働かせてくれたのだから、宇野先生のお申し出をお引き受けすること以外方法を見つけることができませんでした。１９９５年の春のことです。

それから、１カ月間ほど宇野先生による特別講義が始まりました。そして、宇野先生の口を通じて様々なことを教えていただきながら、朝から晩まで独学で勉強しつつ、カタカナへのご縁を深めていくことになったという次第です。

宇野先生は、楢崎皐月先生がカタカムナの物理を世に知らしめた意義についてこうおっしゃられました。

カタカムナの物理が物理学者の上に降りたということ、今回の降臨は特別な意味があるのです。

近い未来、現在の物理学は行き詰まります。それを打開することができるのはこの本（相似像）しかありません。

ですから、あくまで人の幸せのためにこの本を学習してください。そして、必要が応じた時までは決して公開しないように。

カタカムナが、物理の範疇を外れて、宗教やスピリチュアルな世界に入っていくことがないように、言葉遊びにならないように。

実生活で、今の物理を正しい本来あるべき姿の物理に戻すように、この本を伝承していかなければならない時代が来ますので、その時のためにあなたがお勉強ください。

そして、必要な時代が来るまでは、必ず自分一人の心のうちに止めて封印しておいて欲しいのです。

これが宇野先生との出会いであり、それと共に、宇野先生を通じてすでに他界されていた楢崎皐月先生のお話をいろいろと伺うことができたことはとても幸いだったと思います。

楢崎皐月先生は、当時の日本軍の極秘研究にも関わったおられた関係で、アメリカからも狙われていたことからバカを装って日常を暮らしていたそうです。

アメリカでは重要人物としてマークされ、ヘッドハンティングの対象になっていたものの、楢崎先生ご自身がバカを装っていたおかげで、「この異常な人物をアメリカに連れて行っても何の役にも立たないだろう」と手を出されずに済んだのです。

そんな楢崎先生からバトンを渡された宇野多美恵先生が他界されたのは、２００６（平成18）年10月22日（享年89）のことです。

先生から「もうほとんど終わりね」という最後の講義を受けた後、その同じ年の秋、いつもよりも長めに滞在されていた北軽井沢の別荘でご子息と共に急逝されたニュースが耳に入ってきました。

それを聞いた時、私は大変ショックを受けたと同時に、宇野先生から学んだことは一つでも多く少しでも正確に必要な時期に伝承しなければならないという使命感を持った瞬間でした。

それから20年近く、私にはその封印を解くことができませんでした。

しかし、カタカナを紐解く人たちが現れてきて、しかも世の中はだんだんと混乱の方向に向かい、数年先に世界は大きな混乱に向かって舵を切ってしまうのではないか⁉

そんなふうに感じた私は、人生最後の勤めとして物理学者の先生にこの大切な書物の伝承お任せしなければならないと思い、ある高名な物理学者の先生との出会いを望んで、素人の私でも書けるような簡単な本を世に出す運びになり、それまでの自分の事業・業界とはまったく別のカタカムナという業界に足を踏み入れることになりました。

それから数年後、コロナのパンデミックが発生し、さらに人工地震の噂もあります。

各地で戦争が始まり、1年で収まるかに見えたロシアとウクライナの戦争は今も続いており、イスラエルとハマスの戦闘はさらに大きく広がろうとしています。

これはまさに、楢崎先生や宇野先生が予見していた現代文明の歪の極致ではないか…。

そこで私は、楢崎皐月という極めて稀有な物理学者の生涯とその功績を皆様にお伝えする時期が来た、カタカムナがなぜ今必要なのかを世に問うべき時がやってきたのだと思い、この本の出版を決意した次第です。

70の齢を過ぎて新しい仕事に挑戦することは無謀であることを知りつつも、私はまだ後継者を育てていません。そこで、カタカムナを伝承をしていくにはどなたかにバトンを渡して人生を終わらなければならないという使命感から、関係各位のご協力と宇野先生から引き継いだ様々な資料に基づいて本書をまとめることを決意したのです。

楢崎皐月先生を知るということは、正しい物理学を知るということだと思います。

人類はある時から、物理学や科学の方向を間違えてしまったのではないでしょうか。

本来、人間を幸せにするために与えられた物理学という学問は、残念ながら今は人の不幸せを運んでくる戦争の道具となり、奪い合いの世の中を作る技術と成り果ててしまった…そんなふうに感じるのは決して私だけではないと思います。

そこで、日本に残されてきた万物の理を示したカタカムナ文字、世の中を平安に変える原初のコトバを正しく後世に残していくためにも、この真理（カタカムナ物理）を世に降ろしてくださった楢崎皐月という人物の真価について、ぜひ皆さまの素直な心、直観と感性でしっかりとつかみ取っていただいと切に願っております。

令和6年9月吉日
天野　成美

目次

第４章　後継者・宇野多美恵氏との出会い …… 83

第１章　電気の時代と満州国での製鉄研究

明治末期、電気の幕開け時代に生まれ育った皐月少年

1899(明治32)年5月9日、楢崎皐月は母親の実家である山口県東萩で誕生しました。3人兄弟の次男（？）として生まれた皐月は誕生月から「さつき」と名付けられ、生後間もなく北海道の開拓に従事していた父親のいる札幌に移って、幼少期から中学まで北海道で過ごします。

皐月少年が生まれ育った時代は、ヨーロッパの産業革命の影響を受けて、日本は急速な近代化を進めていました。

開国後の明治政府は殖産興業をスローガンに近代化をめざし、西欧の先進技術導入と外国人の雇用などを積極的に進めていて、皐月が生まれる前の明治20年代後半には日本も産業革命を迎えるという、まさに激動の時代。

そんな中、皐月は、冬は平均マイナス5度、真夏は平均18～20度という現在よりはるかに気温の低かった祖父が開拓に入った北の大地の中で、幼少時代から中学卒業まですくすくと育ちました。

そんな皐月少年のその後の人生に最も影響を及ぼすことになったのは、電気や鉄鋼など

産業革命によってもたらされた新時代のエネルギーでした。

そこでまず、皐月少年が過ごした当時の時代背景を簡単にふり返っておきましょう。

イギリスから始まった産業革命は、80年代にはさらに発展して、化学、電気、石油、鉄鋼などの重化学工業分野で技術革新が進み、ヨーロッパ諸国における電気や石油によるエネルギー革命の波が日本にも押し寄せていました。

人類はそれまで主なエネルギー源を木炭に頼ってきていましたが、イギリスでは森林が枯渇して深刻なエネルギー危機に陥ったことから、他国に先がけて石炭を燃料とするようになり、１７８１年に新しい鉄の製法を開発して蒸気機関を発明します。

この発明によって人類は機械による回転運動という革命的な技術を手に入れたわけですが、さらに19世紀になると回転によって電気を生み出す発電装置が発明されたことから、人類はついに電気という新たなエネルギーを手にしたのです。

こうして、人力や畜力をはるかに上回る強力なパワーを得たイギリスは新たな産業によって莫大な富を築くと共に、短期間に効率的に富をもたらす産業革命はまたたく間にヨーロッパ全域に拡大していき、工業社会の到来を迎えました。

とりわけ、電気・磁気という新エネルギーの実用化は産業や社会を大きく変える起爆剤となったことから、電気の実用化は世界中の若者たちの探究心を刺激しました。

電気の実験といえば、アメリカの建国の父であるベンジャミン・フランクリンが有名です。彼は「雷の正体は電気である」という仮説を実証するための装置を作り、雷から落ちてくるエネルギーをライデン瓶（現在の電池にあたるもの）に蓄電することに成功し、雷が静電気であることを証明しました。

この稲妻が電気現象であることの証明は後の科学者達に大きな影響を与え、１８００年には電池が発明されると共に、１８６１年にはマックスウェルによって電磁気学の基礎方程式が確立され、さらにその後、電気を家庭に送る仕組みを最初につくり出したのが世界の発明王と呼ばれたトーマス・エジソンです。

エジソンは、１８８２年に２００馬力の大型発電機による送電事業をニューヨークで始め、火力発電所から電線を通して直流電気を各家庭に送り、その電気は白熱電球を点灯するために使われました。

そしてこの時に、エジソンと争ったのが交流（AC）電力システムの生みの親であるニコラ・テスラで、近年注目を浴びているイーロン・マスク率いる「テスラ」の社名も、「電光を操る者」と呼ばれた発明家のテスラに由来します。

一方、日本で初めて発電所がつくられて家庭に送電されるようになったのは１８８７（明治20）年のことで、明治20年代に始まった日本の電灯事業はまさに「電気時代」の新たな幕開けを告げるものでした。

のちに兄と共に雷の電気実験を行うことになる皐月にとって、こうした時代背景が彼の探究心に火をつけたであろうことは想像に難くありません。

松下村塾出身の祖父も「みどころがある」と腕白盛りの孫に期待を寄せていた

楢崎皐月の母方の祖父は旧長州藩士で、松下村塾の出身者でした。

そのため教育に対しては非常に斬新で熱心な家系であり、皐月の兄は中学卒業後、東北帝大へと進学しています。

皐月は小さい頃から人とは違っていたようで、松下村塾出身の祖父も、腕白盛りの孫の姿を見て、「みどころがある」と強い期待を寄せていました。

それは幼少期からすでに他の子供と違った双葉の香りを示していたからで、皐月の中学時代、軍隊時代、そして晩年の孫達との関係に至るまで、彼の面目躍如を示す逸話の数々はそれだけで数巻の書になるほどです。

小学校に入る前から、大人しい性格の兄をかばったり、また友達のために義憤にかられて奮闘した結果、無理解な大人たちに叱られて頭を小突かれても謝らず、立木に縛られて小水を洩らしても下唇を噛んで我慢するなど、何があっても自分の信念を貫き通す強い性格だったそうです。

また、皐月少年は幼少期から理系の才があり、小学校に上ったばかりの頃にもこんな出来事がありました。

皐月少年は、友達の「雪が砂糖だったらなぁ」と言う声を聞いて、自分で手作りの機械を作り、「僕がこれで誕生日の日に雪を降らす」と学友たちの前で宣言します。

そして約束の５月９日になり、学友らを連れ立って裏山に登り、雪を降らそうと機械を操作します。ところが、待てども待てども雪の降る気配はまったくありません。

一方、夜になっても戻ってこない児童たちの親は大騒ぎとなり、方々を捜索したあげく、ようやく山で空腹と寒さに震えながら天を仰いでいる子供たちを発見し、学友たちは大目玉で家に連れ戻されました。

しかし、皐月少年だけは一人ガンとして帰らず、母と二人きりでなおも天を睨んで待っていました。すると夜も更けてきた頃、雪ならぬアラレが降って来た…というエピソードが残っています。

また中学時代、真夏の海で行われた肝試し大会でのこと。夜間、全生徒が海辺の砂の上で一晩寝て過ごすことになりました。そこで皐月少年は、砂の熱を避けるために一人で板を拾ってきてその上で眠りにつき、そのおかげで翌朝は何事もなく元気に起床します。

ところが、上級生たちを見にいくと、全員がそのまま砂の上に寝ていたため発熱し、熱でうなされていました。その痛ましい光景を目にした皐月少年は、すぐに一人で馬車を探して来て上級生たちを入院させ、無事彼らを助けることができたのです。

この事件は新聞にも取り上げられ、皐月少年は一躍有名になりました。中学時代、皐月はとても厳しい学校教育を受けていましたが、それでも学友思いの悠然とした性格は変わらなかったようです。入学時には百人だった同級生が卒業時には三十人に減っていた、というほど仲間がどんどん落第していく中、皐月自身は落第こそしないものの、ビリから一、二番位で、実によく遊び、同類の友と悠揚迫らぬ態度で臨んでいたそうです。ただの悪童ならぬ、彼一流のスジを通す一貫したその潔い態度は、後年の人生におけるさまざまな人間関係にも見て取ることができます。

誤解されやすいが感情を以って道理に代へるような人ではない

幼少時から仲の良かった楢崎兄弟は、兄が東北帝大に入ったあとも、小さい頃と同じように二人で一緒にいろんな科学実験をして遊んでいました。とりわけ、当時話題になったベンジャミン・フランクリンの雷の証明実験は、世界中の科学を目指す若者にとってあこがれの実験でした。

好奇心旺盛な皐月少年も、例外ではありません。強烈な電圧によって大気の絶縁を破壊して放電する雷に強い関心を抱いていたことから、中学生の頃、帝大生の兄が夏休みに北海道に帰郷した折などに二人で雷から電気を取り出す実験に果敢に挑戦したのです。

遠くで雷鳴が響き渡り、その音を耳にした２人はわくわくしながら実験のために大草原に向かいます。ところが、その実験中に不幸にも兄が落雷に打たれてしまい、一命を落としてしまったのです。

皐月は強烈なショックを受けました。しかしその悲しみの中で、兄の分まで何としても自分が電気エネルギーを解明してみせると誓いを立てます。

そしてその後も雷の実験を続け、皐月自身も５万ボルトと30万ボルトの感電による２度の失神を体験、しかしそれにもめげることなく、益々電気エネルギーの虜になっていきます。

皐月少年の知的好奇心と旺盛な探究心は、さまざまな自然現象の解明に向けられ、例えば、蝉の鳴き声に対してもこんな反応をしています。

夏場、「ミーン、ミーン」と響き渡る蝉の声が随分遠くから聞えるので、その音を追っていくのに中々近づくことができない、そこで皐月少年は『一体あんなに小さな身体でどうしてあのような大きな音を出せるのだろう？』と不思議でたまらず、何とかして蝉を真似て拡声器を造ろうと思い立ち、自分でいろいろと工夫を重ねています。

こうしたことが、後年、ＮＨＫのアナウンサーに頼まれて強力なラウドスピーカーをつくったり、後述する化成会の原子転換の研究などにも繋がっていったようです。

そのように何事にも疑問を持って「なぜ？」を探究する科学少年だった皐月は、中学卒業後、兄と同様に仙台二高から東北帝大に進学するつもりでいました。

しかし大学受験を終えた翌日、午後から体格検査という時に、松島で遊んだ際の船の事故のために遅刻してしまい、やむなく失格となってしまいます。

そして翌年の１９１７（大正６）年、18歳になった楢崎皐月は大学進学を断念し、上京して陸軍に入隊して、１年間軍隊生活を送ることになります。

その後、レントゲンの研究者である河喜多某氏なる人物に出会ったことで、彼の設立した日本電子工業に入社し、働きながら電気専門学校で専門的に電気を学ぶと同時に、独学で物理学や化学の勉強を続けました。

その後、楢崎はフリーの技術者として日本石油と契約を結び、当時は輸入に頼らざるを得なかった特殊絶縁油を20代で開発し、みごと国産の事業化に成功します。

陸軍大将・東条英機が天才技術者と評判の高かった楢崎に白羽の矢を当てた

絶縁油は、変圧器やコンデンサーなどの電気機器の絶縁及び発生熱の冷却を目的とした油の総称です。変電設備には欠かせない役割を担っていることから、この新規事業の成功によって楢崎は新進気鋭の技術者として各方面から注目を集めます。

そして30代で結婚し、男女三人の子供を授かり、やがて財界人としても名を連ねること

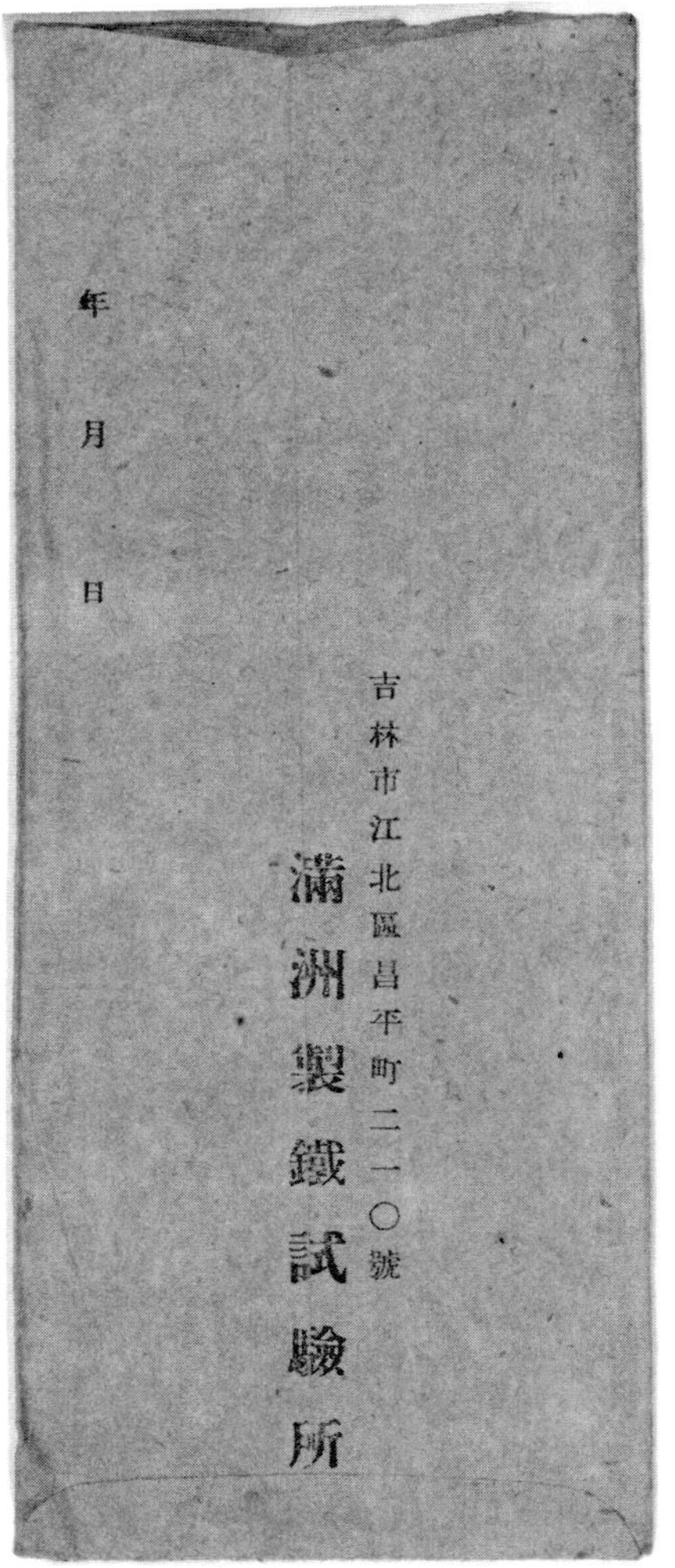
年
月
日
吉林市江北區昌平町二一〇號
滿洲製鐵試驗所

契約書

吉林人造石油株式會社（以下單ニ甲ト稱ス）株式會社吉林工廠（以下單ニ乙ト稱ス）及大日本炭油工業株式會社（以下單ニ丙ト稱ス）ノ間ニ於テ丙カソノ製鐵試驗作業ヲ行フタメ甲及乙カソノ所有スル施設ノ一部ヲ丙ニ貸與シ及利用セシムルコトニ關シ契約スルコト左ノ如シ

第一條　甲及乙ハ丙ニ對シ丙カソノ製鐵試驗作業ヲ行フタメ施設ノ一部ヲ貸與シ及利用セシメ丙ハ之ニ賃借料及料金ヲ支拂フコトヲ約ス

第二條　丙ハソノ作業ハ遂行ニ當リテハ甲及乙ノ作業ニ支障ヲ來ササルコトニ留意シ凡テ甲ノ指示ニ從フモノトシ又ソノ貸與セラレタル工場及社宅其他施設ハ善良ナル管理者ノ注意ヲ以テ之カ管理ノ責ニ任スルモノトス

第三條　丙ニ貸與スベキ物件並ニ賃貸料及料金ハ別ニ甲乙及丙協議ノ上定ムルモノトス

第四條　丙ノ從業員ハソノ就業ニ關シテハ協議ニ依リ別ニ定ムル場合ノ外凡テ甲及乙ノ就業規則並甲及乙ノ指示ニ服スルモノトス但シ丙ノ貸與工場內ニアル場合ハコノ限リニ非ズ

住宅ノ使用ニ關シテハ凡テ甲會社ノ規定ニ遵ヒ甲會社從業員ト同一ノ負擔ト義務ヲ有スルモノトス

第五條　本契約ハ康德拾年拾貳月末日迄トス

本契約ノ變更又ハ解除ニ關シテハ甲乙及丙協議ノ上決定スルモノトス

第六條　甲及乙ハ前條ニ不拘ソノ事業ノ都合ニヨリ必要アル場合ハ政府ノ命ニ依リ又ハ政府ノ許可ヲ受ケ本契約ヲ解除スルモ丙ハ異議ナキモノトス

前項ノ場合ニ於テハ甲及乙ハ因リテ生スル損害賠償ノ責ニ任ヤス

第七條　本契約ニ疑義アル場合又ハ本契約ニ記載ナキ事項ニ關シテハ甲乙及丙協議ノ上決定スルモノトス

本契約ノ證トシテ本證券通ヲ作成シ甲乙丙夫々記名捺印ノ上各壹通ヲ保持スルモノトス

康徳拾年四月壹日

甲　吉林市江北區[illegible]二一〇號
吉林人造石油株式會社
理事長　[illegible]口　[illegible]進

乙　吉林市江北區[illegible]三一〇號
株式會社吉林工廠
取締役社長　[illegible]藤　宏規

丙　東京市日本橋區通三丁目一番地
大日本炭油工業株式會社
取締役社長　藤本榮次郎

右代理人　吉林市江北區昌平町[illegible]二一〇號
滿洲製鐵試驗所
所長　關東軍囑託　[illegible]崎　阜月

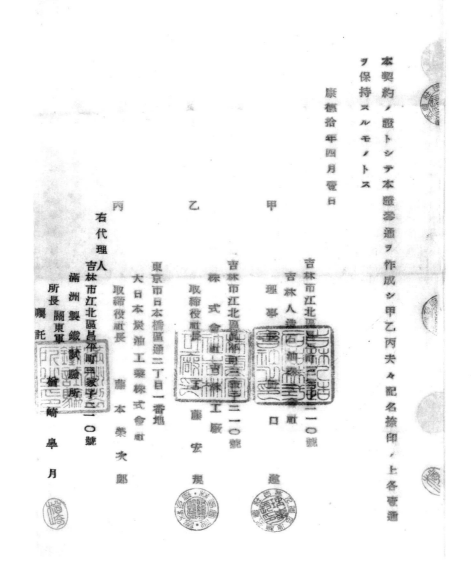

覺　書

康徳十年四月一日附契約書第三條ニ記載ノ物件並ニ賃貸料及料金ハ左ノ通リトス

(一)工場及土地　(ノ)鑄物工場（北側）建坪一、〇八〇平方米（全建坪一、六二〇平方米内）土地三六〇平方米

貸與料　一ケ月ニツキ三、〇〇〇圓（給水、電灯、電力ハ従量又ハ定額ニヨリ別ニ丙ノ負擔トス）

(二)住　宅　(ノ)三Ａ社宅（煉瓦造リ八疊二間、六疊及四五疊、浴場、便所、臺所付）二戸

貸與料　一ケ月一戸ニツキ一八五圓（電灯、水道及煖房料ハ別ニ丙ノ負擔トス）

(2)鐵南５０社宅（煉瓦造リ六疊及四五疊、便所、臺所付）九六戸

貸與料　一ケ月一戸ニツキ八〇圓（電灯、水道及煖房料ハ別ニ丙ノ負擔トス）

(3)土城子工人宿舎（泥壁造屋根草葺平屋建）二〇戸

貸與料　一ケ月一戸ニツキ　五圓

(三)其ノ他ノ料金ハソノ都度協議ノ上決定スルモノトス

康徳十年四月一日

甲　吉林人造石油株式會社

理事長　野口　遵

乙　株式會社吉林工廠

取締役社長　藤　宏規

丙　大日本炭礦工業株式會社

取締役社長　藤本　榮次郎

右代理人

滿洲製鐵試驗所

所長　關東軍囑託　横崎　皐月

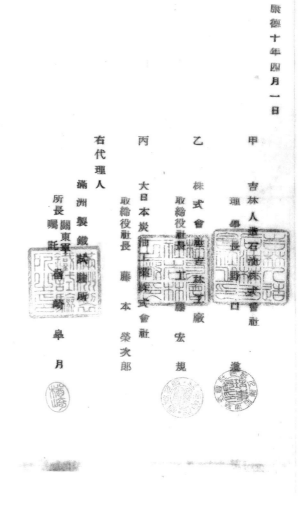

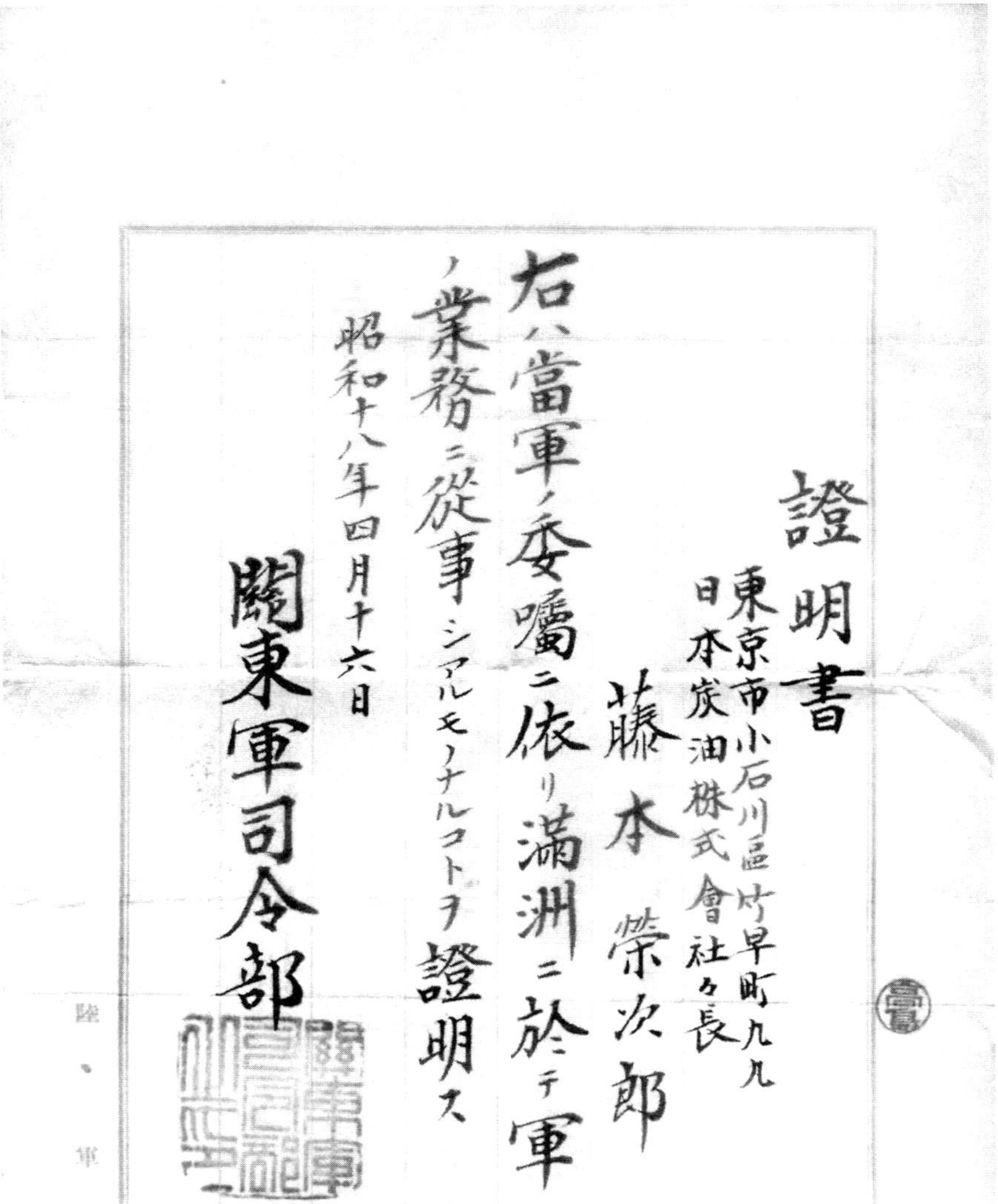

證明書

東京市小石川區竹早町九九
日本炭油株式會社々長
藤本榮次郎

右ハ當軍ノ委囑ニ依リ滿洲ニ於テ軍ノ業務ニ從事シアルモノナルコトヲ證明ス

昭和十八年四月十六日

關東軍司令部

になりました。また、楢崎の兄も田無にあった逓信省電気試験所の電気技術者としてイオン交換などの研究に携わっていて、その兄の研究に対してもアドバイスをするなど手助けをしています。

やがて１９４０(昭和15)年、楢崎皐月は41歳の時に陸軍軍人の石原莞爾に見出されます。石原莞爾は関東軍参謀として満州国の設立を主導した人物ですが、楢崎はその石原から研究内容を軍の特許登録するよう助言を受けると共に、陸軍省の依頼を受けて藤本榮次郎と共に福島県相馬郡原町で大日本炭油工業株式會社を興し、亜炭を原料として人造石油を精製する研究に入ります。

藤本氏は、石炭液化の新方式という独創的な方法で人造石油の精製を試みた楢崎について、次のように述べています。

(以下、楢崎皐月著『炭油』(大日本炭油工業株式會社　１９４０年5月31日発行)より)

「楢崎君は専門の學歴がないことや、敬神行爲の多いといふことで兎角一般から誤解せられる傾があるようです。然しながら私の觀處では同君は愛國的熱情家であつても、感情を以つて道理に代へるような人でもなく、信仰を以つて知識に代へるような人でもありません。(略)　昭和15年5月　大日本炭油工業株式會社　取締役　藤本榮次郎」

人造石油の実用化が見込まれていた頃、楢崎皐月の名前は時の陸軍大将・東條英機にも知られることになります。それは当時の満州において、次のような政治的な変化が起きていたからです。

１９３１（昭和６）年に南満州鉄道が爆破されたことをきっかけに起こった満州事変勃発に関して、日本政府はこれを中国国民軍の独行であると断定し、鉄道防衛の目的として反撃し、軍事行動を拡大していきました。

そして日本政府は１９３２（昭和７）年、中国東北地方と内モンゴルを主な領域として満州国を設立し、石原らの関東軍に満州国統治の実権を委ねます。ところが今度は、１９３９（昭和14）年5月11日に満州国とモンゴル人民共和国との国境付近にあるノモンハンで国境線をめぐって両国による紛争が発生。

このノモンハン事件によって苦境に立たされた日本の関東軍は、自治権を守るために石油の自給自足の必要性が生じ、また満州鉄道の延長をはかるために製鉄工場を拡大せざるを得ない状況になりました。

そこで、質の良い人造石油や鋼鉄の製造技術の開発を希求していた当時の陸軍大将、東条英機らが、天才的な技術者と評判の高かった楢崎皐月に白羽の矢を当てたのです。

鉄の品質が製鉄炉の場所によって異なることを発見

　１９４１（昭和16）年のある日、福島県の楢崎の工場に、突然、現役軍人のまま首相に就任したばかりの東条英機自らが訪れ、満州における製鉄の仕事を楢崎に要請します。

　当時、満州国では対ソ連戦準備の経済的基礎をつくる目的で、鉱工・農畜産・交通通信・移民の４部門での生産力拡充を目ざす五か年計画が１９４２年から実施される予定でしたが、前年から始まった英米との太平洋戦争（大東亜戦争）の開戦によって五か年計画は中止。

　そんな状況の中、陸軍から満州の製鉄技術試験場の所長としての任を要請された楢崎は、家族には「軍の極秘命令による研究」とだけ告げて、１９４３（昭和18）年に吉林省の陸軍製鉄技術試験場の所長として赴任します。楢崎が42歳の時です。

　そこで貧鉄から品質の高い鋼の製造技術の開発に従事した楢崎は、その裏で軍の特務研究にも従事していたようです。どうやらそれはアメリカ軍が持っていた原子力（「質量勢力」と呼んでいた）を無力化する研究で、楢崎は周囲に対して「原子科学の研究はアメリカやソ連の尻を追う必要はない」と断言していたとの証言もあります。

　革新的な技術開発力と愛国的情熱を兼ね備えていた楢崎であれば、原子力研究においても当時のアメリカの技術力を抜いていた可能性はあったでしょう。

　しかし、満州の関東軍は１９４３年春以降、兵力を南方地域や本土作戦に転用されて弱体化し、さらに１９４５（昭和20）年８月のソ連参戦によって満州国は崩壊、日本の無条件降伏後の８月17日に「解体」が宣言されることになります。

戦火が拡大する満州国で製鉄研究に励んでいた楢崎は、実験中にある重要な発見をしています。

それは、それぞれ異なる場所にある小規模の溶鉱炉で実験的に鉄を製造していたところ、材料も技術も全く同じ条件であるにも関わらず、生産する場所によって鉄の品質に甚だしい差が生じることを発見したのです。

ある場所の製品はいつも優秀なのに、ある場所のものは不揃いで不良品が多く出る…。

この点に関して、楢崎は次のように述べています。

「いくら検討しても資材も方法も変らぬので不審に思って居たが、ある日、ふと気がついた事は、いつも優良品を生産する場所には周囲に青々と樹木が繁茂して居るが、それに対し、きまって不良品を多く出す場所の辺りは、雑草も生えぬ一面の荒地だといふ事であった。

植物の生育を活性にする環境には、製鉄の工程の上にも作用を及ぼす何かの力があるのではないか？」と。

つまり、同じ資材と手順でつくった鉄の品質が製鉄炉の場所によって異なる、そこで電気に精通していた楢崎は、そこには植物の生育を左右する「大地電気の作用」が介在しているのではないかと考えたのです。

というのも、楢崎の研究グループの中には、東洋一の製鉄所建設地を決定するために大地電気分布の構造を実測する技術者がいて、彼らの測定によって、作物の優勢生育地帯と劣勢生育地帯がある方向性をもって規則的に配列していることが確認されていたからです。

このことから、植物の生育と同様に、鉄などの導電性の物質は製造工程において大地電気の影響を受ける、それが製鉄炉のある場所の違いによって優良品と不良品の差が生じる原因ではないか――楢崎はそう考えたのです。

これがのちに、楢崎が「イヤシロチ（弥代地）」「ケカレチ（気枯れ地）」と呼んだ環境条件の差、すなわち、それぞれの土地による大地電気の違いです。

詳しくは後述しますが、簡単に言うと、イヤシロチとは負（マイナス）の電荷を帯びた粒子（電子やいわゆるマイナスイオン）の密度が高く、動植物がすくすくと育つ場所（作物の優勢生育地帯）で、一方、ケカレチ（劣勢生育地帯）は正（プラス）に帯電した粒子が多く、負の電荷が不足している場所のことです。

また、楢崎らの大地電気の測定によって、作物の優勢生育地帯＝イヤシロチは電位（電圧の値）が高く、劣勢生育地帯＝ケカレチは電位が低いことが判明しています。

このことから、イヤシロチは電気（電子）の流れが安定していて、ケカレチは電気（電子）の流れが不安定な場所と言えます。

第2章　蘆有三老師との出会いと「東洋の製薬王」からの要請

道教の老師、蘆有三との出会いと不思議な鉄釜

満州に在住中、楢崎はその後の人生を決定づけるある人物と出会います。

それは道教の老師の蘆有三（ろ・うさん）氏という人物で、楢崎が満州人の職工たちと共に道教寺院の娘娘廟（にゃんにゃんびょう）に詣でた際にたまたま出会ったと言います。

蘆有三はその地で最も人々の信望を集めていた老師だったようですが、その時楢崎がなぜ娘娘廟を詣でたかというと、そこには楢崎と満州人たちとの厚い信頼関係がありました。

当時、満人労働者などは人間扱いをしなかった多くの日本軍人の風潮の中で、楢崎は満人の最も尊崇する道教寺院に敬慈を表し、その祭礼に詣でるために満人職工が午後の仕事を休めば半日の給料しか貰えないことを気遣い、自分の供をさせるという名目で彼らに一日分の日当を与えたのです。

しかも、娘娘廟の祭壇に日本人として初めて多額の寄進をしたのが楢崎だったことから、老師の部屋に招じられて服一の茶を勧められた、これが楢崎と蘆有三との縁の始まりです。

この時、老師は自ら庭の泉水を鉄製の釜（かなえ）に汲み入れ、そこに手で揉んだ数枚の木の葉を釜に入れて火打石で点火したかと思うと、釜の中の水がたちどころに沸きたち、

老師はその湯茶を楢崎に手渡します。

すると、楢崎が口に含んだその湯茶は「何と、舌を焼くほどに熱かった」と言います。鉄釜に入れた水が一瞬にして高温の湯になっていた。この目の前で起きた不思議な状景が製鉄に従事していた楢崎の強い関心を弾き、その鉄製の釜を何とかして譲り受けて調べたい一心から、楢崎は二度、三度と訪問を重ねて老師に懇請します。

しかし、老師は「これは寺に伝わるもので手放すわけにはゆかぬが、この鉄釜は日本製であるから、日本で探せばよかろう」と楢崎に答えます。

また、その時の談議中、楢崎が当時まだ日本の軍関係者もほとんど知らなかった第二次大戦末期にドイツが開発したV2ロケット（世界初の軍事用液体燃料ロケット）の話に触れたところ、老師はその燃料が原子破壊による核爆弾の一種であることを知っていました。

楢崎は、吉林の山中に独居する蘆有三老師の驚くべき識見と人格の高さ、そして一種の超能力のような不思議さに打たれ、改めて入門を乞い、敗戦で満州を引きあげるまで親交を結ぶことになります。

そんな中、楢崎はさらに驚くべき事実を老師から聞かされます。

それは、上古代の日本の地に「アシヤ族」（噫示八：アィシーバー）という高度の文明をもつ種族が存在し、天地万物の理を示す「八鏡の文字」を創り、特殊な鉄をはじめさまざまな高度な生活技法を開発していたこと、そして後代の老荘哲学・易・漢方医術などはその日本の基層文化の流れの中で展開したものであると、道士に伝わる古伝を明かしてくれたのです。

楢崎が老師から聴き及んだ話は、従来の古代史の常識に反する内容ではあったものの、楢崎にとっては、「どんな学者の説よりも、現地で直接聴き得た蘆有三老師の言を僕は信ずる」と断言しています。

老荘思想や陰陽五行、神仙術などの源流には超古代の日本文化があった!?

以下は、楢崎が蘆有三と筆談で問答した記録の一部です。

栖崎問『仙骨トハ如何？』（部屋に掲げられていた額の字を問うた）

老師答『静観自得有リ師ハ万物ニ』（伸観すれば自得す、師は万物にあり）

楢崎曰『中華民国是師之国』（日本にとって貴国は師の国である）

老師答『中禅不是、他尊称、過自負慢称』（中部はよろしくない。それは他人からの尊称であり、自負万称にすぎる）

老師曰『アシヤ人ノ創造シタ八鏡神美津文字ハ、実ニヨク整イ、ソノ上、自由ニ変換スル機能ガアルノデ、物ノ理ヲ弁ジ、様々ノ技術ノ便ヲ生ジ、物事ノシクミ・シカケヲ利ク知リ、天ノ命題、則チ天地万物ノ成リ立チャ、経過マデ、明ラカニ示スコトガ出来ル。是レ正ニ、八鏡ノ字ナリ』

これはようするに、かつて日本列島で暮らしていた原住民であるアシヤ人が創造した「八鏡神美津文字」は、すべての物の理を明らかにする文字であり、天地万物の成り立ちや経過をまでを明らかに示している、ということです。

そして老師は、このように楢崎に語りました。

「老子経古伝によると、古代日本のアシア族は特殊な鉄を始めさまざまな生活技法を開発しており、それらが神農氏によって伝えられてシナの文化の元となった。だから、道教の源流は古代日本からもたらされたものだと伝え聞いている」と。

つまり、道家の伝承によると、中国の老荘思想や陰陽五行、風水、神仙術、中医学などの源流には超古代の日本文化があり、それが色濃く影響しているということです。

それを聞いた楢崎は、老師の言うアシヤ族とは、現在の兵庫県の「芦屋」（アシヤ）と呼ばれる地名や「アジヤ大陸」の名称などと決して無関係ではないだろうと思ったそうです。

蘆有三老師と楢崎の親交は家族ぐるみでもあったようで、楢崎らが寺院を訪れると、老師はいつも寺の山門で出迎えてくれていました。

ある日曜日、楢崎が花見がてら家族を連れて出かけた時のこと。一家が山で弁当を食べようといつもは通らない裏山の方から登って行くと、それを知らないはずの老師がその時はなぜか裏門の所で待っていたそうで、そのあと持参のおにぎりと寺のタンポポの根のみそ漬等を分かち合いながら共に食事を楽しんだ、というエピソードも残っています。

こうした蘆有三老師に関する楢崎の想い出話についても、愛弟子であった宇野多美恵氏が楢崎から詳細に聞き取っていて、『相似像』誌の中で次のように記しています。

『年はわからぬが真白いヒゲで、顔かたちも人柄も、僕はかつてあんな立派な人に会った事がない。家内や娘まで、蘆有三だけは心から尊敬し、もう一度会いたいと言っています。』

等と語る想い出話はいかにも和やかで、おそらく、この敗戦前の束の間の一時期が、楢崎一家にとって、最も良き時代であったろう事が、しのばれた。

蘆有三老師は、まもなく訪れた敗戦の混乱の中で行き倒れた多くの日本人を寺内に葬り、また居留民の安全や帰国のために楢崎を援助し、配下の満人を動かして食糧や金品をまわすなど多大な力を貸してくれた恩人でもあったとのこと。

そのため、楢崎は帰国後、手をつくして謝意を伝えようとしたものの、娘娘廟の主はすでに別の老師に変わっていて、蘆有三老師のその後の消息は不明だったそうです。

「東洋の製薬王」星一の要請を受けて始めたまったく新しい農業技術の開発

楢崎が満州から帰国したのは、終戦を迎えた１９４５（昭和20）年、46歳の時でした。

思えば、自身は高級軍人として外地に在りながらも、満州滞在時には多くの部下やかけがえのない息子を失い、他の家族も九死に一生の身でやっとの思いで居留民を率いて祖国の土を踏んだのです。

楢崎は、帰国後次々と彼を頼ってくる部下達を収容するため、習志野に軍用地の払下げを受け、農業をやらせていました。そして、やがて郷里と連絡のついた者の土地は買い取って帰郷の代用に持たせてあげると同時に、楢崎名義となっていた土地は後年騰貴したことで、はからずも彼の研究資金源として役立つことになります。

満州で共に製鉄研究に励んだ楢崎らの技術者グループは、戦時中、満州で軍関係の仕事に従事していたために、解散を余儀なくされていました。

しかし、戦前から一部の産業界や軍関係者たちから天才科学者として知られていた楢崎の才能を決して見逃すことのなかった人物が、帰国直後の楢崎に声をかけます。

それは、満州で石原莞爾らと交流のあった星製薬の創業者、星一（はじめ）です。

「東洋の製薬王」と呼ばれた星一は、明治、大正、昭和の三代に渡って日本の製薬産業を牽引し続けた人物で、衆議院議員でもあり、またSF作家星新一の父としても知られますが、終戦当時、星は楢崎が率いる最高技術研究陣の離散を惜しんでいたことから、楢崎にぜひこれからは新しい農業技術の研究に携わってほしいと強く懇願したのです。

楢崎は星の要請に応え、それまでの部下の研究者達に加えて、新たに海軍技術研究所長であった徳永氏らを合流させることで世界最高レベルの研究活動の維持を決意すると共に、自分一人が代表者として名前を明かし、他は地下に潜む潜態活動を続けることになります。

そこには、占領下において戦後復興の基盤を築こうとした楢崎や星らの強い覚悟がありました。具体的な活動としては、工業用原材料の生産を主とした日本の農業を拡大するための「植物波農法」の研究、そして大地電位の分布実測調査及び「重畳波」の研究で、研究グループの名称を変化生成の略である「化成会」と名付けました。

楢崎ら化成会のメンバーにとっては、荒廃した国土と虚脱状態に陥っている民衆の姿を眺めながら、自分たちも戦死したつもりで「戦死した人々の代りに、そして日本民族の将来のために、純粋な奉仕をしよう」という高い志によって盟約を結んだのです。

大東亜戦争（太平洋戦争）をどう捉えるかは、思想信条や政治的立場によって大いに異なります。

楢崎を推挙した石原莞爾に対しても、満州事変を引き起こして日本を戦争へと導いた「戦争犯罪人の一人」という評価と、他方で、日中戦争を世界平和のための戦争と捉え、戦争の拡大には反対、そして戦後は道義国家の道を提唱した「平和主義者」という見方もあります。

いずれにしても、先の戦争の背景には欧米列強のさまざまな思惑と利害があり、外交オンチと言われる日本が彼らの戦略（謀略）に翻弄されたことだけは確かで、その渦中に置かれた楢崎にとっても「白色人種の黄禍論」は極めて現実的な脅威であったようです。

黄禍論は、黄色人種すなわち日本人が白色人種を凌駕する懼れがあるとする主張で、アジアに対する欧米諸国の侵略を正当化するために用いられた政策思想です。

化成会の設立にはこうした白色人種の黄禍論に抗する目的もあったようで、のちに楢崎の弟子たちが見た極秘資料には次のような黄禍対策が記されていました。

日本民族は内部革命の最も誘発され易い極限状態に追い込まれる

黄禍とは白色人種の考え方であり、黄色人種が白色人種の優越を制圧するだろうと恐れ警戒する思想である。ところで、白色人種の黄禍対策には、毎度漢民族が誘発の役割を演じていることを見逃してはならない。

第一次の黄禍対策。中世期、ジンギスカンが支那大陸から欧州を席巻しつつあった際、漢民族の指導者達は、欧州の白色人種の民族に働きかけて、蒙古民族の発展を阻止する為に、蒙古民族に対し、性病菌の接種施策なるものを建策し、それが瀬次効を奏して、蒙古民族は衰亡の道に追い込まれたと言われる。

第二次の黄禍対策。第一次欧州大戦後、日本の国力が飛躍的に拡張したことを好まなかった漢民族の優越感と、ドイツ民族の優越感とが協同して、黄禍の原動を日本民族に決め付け、表面的にはドイツのカイゼルが、白色人種の間に、日本が黄禍の源泉であると言い出した。そこで第二次の黄禍対策は、日本の国土の生産力の低下施策であり、その実施には、漢民族の華僑が推進の役割を演じた。

それは、ドイツで開発された高圧工業用のプラントを格安の価格で日本に売り込む役を華僑が引き受け、利得を度外視し、特許使用料免除の特典を添えた。日本の財閥や為政者達は飛び着いて輸入し、高圧プラントを硫安肥科の量産に活用した。農政担当者や農民は、彼等の黄禍対策の謀略を全く読みとれなかったので、硫安施肥は旺盛に、しかも急速に拡がった。

硫安の施肥は、麻薬と同様に、土地の生産力を害し、土地は酸性化し、病虫病菌は活性化し、農薬が盛に使用されるようになった。公害は急速に拡がり、犯された農地から流れ出る水によって沿岸漁業も急速に衰退した。魚卵や幼魚が農薬や硫安で被毒されたからである。

又、土地の酸性化は、カルジウムの活性点を減少させ、人間の栄養に大きな公害を及ぼしている。（ドイツは、硫安の施肥を自分の国では法律で禁止しながら、日本に向っては奨励し、硫安生産企業は公害を無視し、政治屋を抱き込む為に硫安でもうけたアブク銭を惜し気なく使った。そして日本の政治は、硫安公害を最も強く受け、麻薬と同じ害作用で国民の信頼を失ったのであるが、高圧工業の輸人がドイツと華僑の共同謀略であり、黄禍対策であることを咎告した有識者達は、国家権力で弾圧され、一般人には知らされなかったのである）。

第三次の黄禍対策。日本が、シナや米英ソを敵に廻わして愚かな大東亜戦を展開した際、蒋介石は、米英ソの指導者達に働きかけて、日本の黄禍対策を提案した。ヤルタ協定を始めとして、終戦処理案は、日本の衰亡を図った謀略であったことは周知の通りであるが、有名無為の日本の権威者達は、予見能力が低く、日本をスポイルする運動に加担して来た。

第四次の黄禍対策においても、日本は、依然として黄禍の原動者に仕立てられている。彼らからみれば、日本民族は不死身であり、経済発展も目ざましい。とりわけ中華の誇りを狂的に拡大して来た漢民族は、日本をエコノミックアニマルに印象付ける煽動者の側に立ち、日米を挑撥し、ソ連を刺戟し、赤軍を培養し、日本の知能流出に演技している。

こうした布石は、米ソを第四次黄禍対第の仲間に吸引する施策であり、過渡醸成の為に逆行動を演技しているのである。したがって、第四次黄禍対策は、白色と県色の民族に対し、日本商品のボイコット、原材料の不売となり、黄禍を叫ぶのはドイツ民族が当ることになる。

共産革命を唱えるのは、ソ連の神経戦術であり、米国の戦略である。主導はユダヤ民族にあり、漢民族ではない。

主謀者のわからないまま、謀られた方はもとより、謀った方も共に被害をうけ、次第に何が何だかわからなくなり、結局、人類を破局にかりたてることになる。

日本の指導者達は、多過ぎる情報によってノイローゼにかかり易い体質気質であり、先見予見の能力を欠く民衆は、一種のアレルギー症状で、狂奔し易い体質に変質している。そして、一九七八年に、日本民族は、内部革命の最も誘発され易い極限状態に追い込まれるである。

この日本人のノイローゼとアレルギー反応を予防する医学の立場から、私達は予防対策を立ててきた。則ち敗戦直後から、潜態活動による奉仕をモットーとして、一九七八年の危機を回避する目的で英知を集めて来たのである。

化学肥料や農薬を使わなくてもよい新たな農業技術の研究に着手

この極秘資料からは、戦勝国による占領政策や謀略によって日本の内側から共産革命を誘導されないよう、それに対する確固たる予防策を水面下で講じておこうという楢崎らの強い意気込みが感じられます。

当時、とりわけ深刻な問題の一つだったのが、急速に広がった硫安（化学肥料）の施肥と農薬使用による農地の劣化でした。

江戸時代までの日本の農業は自然循環型で、人糞尿や山林の下草などを収集して肥料としてきました。明治に入ると、１８８７年（明治20）年に東京人造肥料会社（現日産化学）が創立され、過りん酸石灰の生産を始め、その後、海外から硫安、石灰窒素、アンモニアの製造技術を次々と導入し、化学肥料の国産化にも力が注がれました。

同時に海外からの輸入も徐々に増え、昭和15年の農林省資材部編『肥料要覧』によると、１９２０（大正９）年には硫安の輸入量が７２，４１３トンだったのが、10年後には4倍近くの２３８，５９８トンまで増えています。

硫安は最も代表的な化学肥料で、速効性のある窒素肥料ですが、これを多量に施肥すると土地の生産力（地力）が低下し、土地が酸性化すると共に病虫病菌が増え、そのため農薬が多用されるようになったのです。

土地の酸性化はただでさえ少ない日本の土地のカルシウムをさらに減少させ、栄養不足を招きます。しかも、化学物質に犯された農地などから流れ出る水によって魚卵や幼魚が被毒されて、空気汚染に加えて沿岸漁業までもが急速に衰退していくことになります。

化成会のメンバーはこうした現状を憂いて、公害の原因となる化学肥料や農薬を使わなくても可能な新たな農業技術の研究に着手したのです。

化学肥料や農薬に依存しない農業技術の確立は、土地の健全化と安心安全な食料の確保だけでなく、戦後復興に欠かせない工業用材料の生産にもつながります。

星一も楢崎と同様に、先見の明と科学への情熱、そして社会奉仕精神が大変豊かだったことから、日本の新しい農業技術開発の必要性を誰よりも強く感じていました。

そこで、八木アンテナの発明者である八木秀次博士を所長に、和田工大総長を顧問に迎え、楢崎を中心に各県から2名ずつ知事推薦者を集め、１９４７（昭和22）年に星製薬の中に重畳波研究所を設置して、電気工学を農業に応用する研究が行われることになりました。

星は当時、戦後の飢餓状態からの脱却と日本の将来の食糧危機に備え、農業技術の研究推進のための学校建設も展望していたようです。

重畳波とは、周波数の異なる電波帯を幾重にも重なり合わせて発信する電波（干渉波）のことで、重畳波は水に電子を与えて分子構造を変化させることがそれまでの研究によって確認されていました。

当時それを知ったＧＨＱのマッカーサーが、進駐軍は蒸留水にアルコールを加えただけの酒を飲んでいたことから、重畳波研究所に「おいしいウイスキーをつくる機械をつくってほしい」と依頼し、マッカーサーはこの機械を使って大きなドラム缶でウイスキーを造って売っていたという有名なエピソードが残っています。

この重畳波理論の研究はのちの電子生成器の開発などにつながっていくのですが、ようするに、楢崎らは大地電気だけでなく、水や物質の物性を変化させたり生体の電気現象を改善するうえで「電子」が重要なカギを握っていることから、環境中の電子不足を補うために人工的に電子をチャージする技術の開発などにも着手していたのです。

ところが、その数年後、星製薬の経営悪化と会社内部の反対に遇うことになります。そこで、星はやむなく私財を投げ打って研究所の存続をはかろうとしたものの、その矢先、星一は１９５１（昭和26）年1月19日に急逝します。

死因は、ペルーへの日本人移民計画のために訪れていた米カリフォルニア州ロサンゼルスで肺炎による客死で、享年77（歳）でした。

星の急逝により、重畳波研究所は閉鎖され、楢崎らも退社。星製薬を離れた楢崎は、その後、数人の部下たちと大地の電気分布の実地調査と重量波の研究を続けることになります。

大地電気は一様ではなく、生物にとっての「優良地帯」と「劣勢地帯」がある

楢崎らによる大地電気の分布調査は３年間に及び、全国１万７千箇所を回ってさまざまな地域の電位を測定し、この研究がのちに「植物波農法」として完成します。

植物波農法ついては、『静電三法』（シーエムシー技術開発）の中で詳しく紹介されていますが、大地電気の分布調査によって判明したのは、大地の電位は決して一様ではなく、次の３つの地帯に分類できるということでした。

普通生育地帯（全体の約55％）…大地の表層に還元電圧と酸化電圧が混在し、電流方向も混在する。

劣勢生育地帯（全体の約30％）…大地の表層が酸化電圧を示し、大地電流は下から上へ流れ、地帯の電位差が大きい。

優勢生育地帯（全体の約15％）…大地の表層が還元電圧を示し、大地電流は上から下へ流れ、電流の量も多く、地帯の電位差がない。

つまり、楢崎は「大地はすべてが等電位ではない」という事実を確認すると共に、地電流の流れや電位差の大小によって動植物の生育にプラスに作用する「優良地帯」とマイナスに作用する「劣勢地帯」となる電磁場の違いを発見したのです。

電位差の大きい劣勢地帯は、土質条件にかかわらず酸性またはアルカリ性傾向が強く、

普通の中和処理をしても効果がないため、まず土地の電位差を測って改善・調整する必要があること、そして、神社が建っている場所は地電位が安定している優良地帯とみごとに重なっており、一方、交通事故の多発する「魔の踏切」と呼ばれているような場所は例外なく劣勢地であるという事実でした。

楢崎はこれらの調査結果に基づいて、優勢地帯を「イヤシロチ」、劣勢地帯を「ケカレチ」と呼びました。

地電流が安定しているということは、電子が多く継続的に電荷中和が起きているわけで、そのような優勢地＝イヤシロチの特徴として次のような特徴を挙げています。

・耕作地内が等電位で作物がよく成長する耕作地。
・植物の生育が良く、動物が集まりやすい場所。
・住人が健康で病人などが少ない住宅地。
・建造物の壁のひび割れや変色が少なく、夏場涼しく、冬場は暖かい。

このような特徴を持つ優勢地帯は、マイナス帯電粒子（陰イオン＝マイナスイオン）が優位な土地、つまり電子密度が高い還元土壌や空間のことです。

反対に、ケカレチ（劣勢地帯）とは、電流の向きや大きさが安定しない（電位差が大きい）酸化土壌（電子密度が低い土地）で、次のような特徴があります。

・植物の生育が悪く、動物が寄り付かない。

・住人が不健康や病気になりやすい。
・建物が傷みやすく、経年劣化が激しい。

これはイヤシロチとは反対で、電子（マイナス電荷）不足で電気的に不安定な場所です。このような空間や土地は酸化した有害物質が溜まりやすく、従って過度に酸性に傾いています。

炭の電気的な働きを誰よりもいち早く実用化したのは楢崎皐月だった

大気、海、土、岩、動物、植物などすべての物質は、本来は電子の特異な働きによる酸化還元反応によって電気的なバランスが保たれており、物質を構成している原子から電子が離脱することを酸化と言いますが、電子不足環境はそれだけ物質が短期間に酸化、すなわち劣化しやすくなっているということです。

その代表的なものの一つが耕作地や農地です。農作物の多くは、一般に中性または微酸性の土壌を好むものが多いので、微酸性（pH６．０～６．５）に保つことが望ましいものの、化学肥料や農薬を多用すると過度に酸性に傾いてくことから、酸化土壌は作物の生育を阻害してしまいます。

そこで、楢崎が考え出した土壌を改善するための方法の一つが、一定の地域（地帯）の電気の流れを良くし地電位を安定化させる、すなわち気が枯れたケカレチをイヤシロチに変換することです。

具体的には、炭素を土壌に埋設する方法です。この炭素埋設によって農地の地電位を平滑化し安定化させる、これが楢崎が編み出した植物波農法の基本的なやり方です。

つまり、大地電流が上から下へ流れ、地帯の電位差がなく還元電圧を示す土地にする、これによりケガレチ（酸化電圧の土地）をイヤシロチ（還元電圧の土地）に変える、この方法が炭素埋設法、略して炭埋法です。

炭素埋設のやり方としては、劣勢地の土地の１ｍ下に穴を掘り、そこに一定量の木炭（炭素）を埋めるだけです。

まず地表に穴を掘ると、穴に向かって電気の流れが生じます（損傷電位）。そして、その効果を安定させるため半導体の性質を持つ炭を穴に埋めます。

これによって土地の電位構造が変化し、電気が地表から下へ流れて優勢地化します。電流と電子の流れは反対方向なので、地表の電流を地下に逃がすと還元電子（マイナスイオン）が地表に現れるという仕組みです。

木炭の防腐効果については、古来から知られていました。その代表的な例が木炭木槨墓（もっかくぼ）で、エジプトのツタンカーメンの墓や中国の馬王堆（まおうたい）漢墓、また日本各地の古墳の中にも木炭が詰められていたことが確認されています。

炭は多孔質構造のため、脱臭性、吸着性、水浄化性などの効果があるからですが、楢崎は炭にはそれとは別の特別な作用があることに当時から気づいており、まさにそれこそが電気を貯える炭の働きだったのです。

電気工学の専門家であった楢崎は、電気（電子）の流れや磁気の働きについても独自の考えを持っていたようで「炭は電池になる」ことを知っていたのです。

今でこそ「炭素埋設法」や「電子水（アルカリ性カルシウム・イオン水）」「マイナスイオン健康法」などはよく知られていますが、これらを誰よりもいち早く実用化したのは楢崎皐月その人でした。

エジソンが１８７９年に最初に実用的な白熱電球の開発に成功した話は前述しましたが、白熱電球のフィラメントの材料として使用したのが実は炭化した木綿でした。木綿は電気を通しませんが、炭化した木綿は電気を通すことからそれを使用していたのです。

その後エジソンは、木綿の代わりに日本の竹を使って炭化し、フィラメントに使用することで白熱電球の点灯時間を飛躍的に伸ばすことに成功し、商品化していきました。

但し、すべての炭が電気を通すわけではなく、一般的な安価な木炭（黒炭）は電気を通さないのに対して、一級品と言われる備長炭など不純物が含まれていない炭（白炭）は高温度で焼成されることで結晶構造に違いが生じるため電気を通すのです。

高温でじっくり焼き上げた白炭は、黒炭に比べて炭素成分率が高いため電気抵抗が少なく、埋炭に適した炭で、土に埋めても変化しにくく、その効果は半永久的なものとされています。

自然界の電気バランスを回復する画期的な技術と理論をまとめた『静電三法』

科学技術の進歩によって、木炭によるマイナスイオンの発生も確認されています。木炭は遠赤外線を発生する特性を持っていて、これが水分子に当たると細かいマイナスイオンの粒と大きいプラスイオンの分子に分けられ、この細かいマイナスイオン分子が飛散して様々な効能を生じさせます。

とりわけ、炭の中に無数の穴を持つ活性炭は、不純物（重金属など）のプラスイオンの吸着力が顕著であることが証明されており、その結果、空間のマイナスイオン比率が高くなります。

一般的にマイナスイオンは、生体に対して好影響を与えることから、鎮痛、催眠、食欲昂進、血圧降下、爽快感、疲労防止などの効果があり、一方、プラスイオンが増えると、神経系統への指令が不規則となって、ストレスやイライラを増幅させ、不眠、頭痛、不快感、血圧上昇の作用があるといわれます。

このように、今でこそマイナスイオン健康法はポピュラーになっていますが、植物波農法は、今から60年ほど前の昭和34年頃に新聞やテレビで取り上げられて話題になったことがありました。

植物波農法を実践していた富山県の農家の人が、田んぼのあちこちに50ｍ間隔で「陽イオン吸着装置」を立てていたのを近隣の人が見て、装置がテレビのアンテナに見えたことから「テレビ農法というものがあるらしい」と騒がれて多くの人が見学に集まり、それがマスコミで取り上げられたのです。

そのためひと頃、篤農家の間で植物波農法に関心が集まったそうですが、「陽イオン吸着装置」というのはまさにプラスイオンを吸着させるマイナスイオン発生器だったわけです。

ここで少し整理しておくと、マイナスイオンは原子が余分に電子を得たもので、電子は一定の値で負（マイナス）の電荷を帯びた粒子ですから、いずれにしてもマイナスの電気であることには変わりません。

静電気は、プラスとマイナスの電気のバランスが悪い状態（帯電した状態）ですが、バランスが悪いものは、どうにかして元のバランスが良い状態に戻ろうとします。

その電気的なバランスをとるためにマイナスの電気がプラス側に向かって放出されることを放電といい、この時に電気が流れます。

楢崎少年が関心を持っていた雷の発生原理もこれと同じです。

つまりこういうことです。

積乱雲は雲の中に静電気が溜まった状態で、通常なら空気は電気を通しません。ところが、雲の中のプラスとマイナスの電気の間の電圧の差が1億～10億ボルトにもなると、雲にたまったマイナスの電気と地上のプラスの電気との間でバランスを取ろうとして、数万アンペアという電流が空気中を瞬間的に流れて放電が起きるのです。

このように、自然界ではマイナスの電気（電子）がプラスの方向に流れる、つまり電子の移動・流れが電気の正体で、その主役は電子なのです。

楢崎はのちに弟子たちに向かって、「電気は根本に通ずる。これが生物・育成・学問の全てに通ずる」と述べており、楢崎らが開発した炭素埋設法や陽イオン吸着装置、電子生成器などは、物質文明によって崩れてしまった自然界の電気バランスを回復するための画期的な技術だったことが伺えます。

それが土壌の場合は、酸化電圧(ケカレチ)を還元電圧(イヤシロチ)に変えることであり、物質の場合は電気的条件を変化させることで分子構造や物性を変える、また人体であれば病気や老化現象などの酸化体質を還元して元気で健康な還元体質に戻すことであり、これらの技術と理論をそれぞれ「植物波農法」「物質変性法」「人体波健康法」としてまとめたものが『静電三法』です。

第3章　平十字との出会いとカタカムナ

六甲・金鳥山で出会った平十字から見せられたカタカムナ神社のご神体

楢崎らの研究グループが全国各地で大地電気の実測調査を続けていた1949〜50（昭和24〜25）年頃、神戸市東灘区の六甲山の麓で地元の人から興味深い話を耳にします。それは「金鳥山には蘆屋道満の墓とも言われる狐塚という穴があるので、行ってみるといい」という話で、楢崎はその勧めに従って数名の青年助手たちと共に狐塚付近で穴居生活（野営）をしながら、山中に計測装置を設置して大地電気の測定調査を始めました。

蘆屋道満は安倍晴明と共に知られる著名な陰陽師で、陰陽道は古代中国の道教の流れを汲む祈祷や占術です。このことから、楢崎は金鳥山に何か特別なものを感じ取ったに違いありません。

その直観を後押しするかのように、楢崎らが金鳥山に入山して数日したある夜、突然、鉄砲を手にした一人の猟師が楢崎らの前に現れます。

猟師は、鉄砲で威嚇しながら「お前さんたち何のためにやってきた？　泉に妙なものをしかけるから、森の動物達が水飲みに行けなくて困っている。すぐに除けてやってくれ。あそこは動物たちの水飲み場なんじゃ」と怖い顔で命じ、「決して狐をうつな、兎ならくれてやる」と腰に下げていた兎を洞穴に向かって放り投げて去って行きました。

泉の調査のために電線を張り巡らせて水の成分を分析していた楢崎は、翌朝、猟師に言われた通りにその電線を取り外しておきました。

するとあくる日の夜、再び猟師が現れて、「お前さんたちは感心な人たちじゃ。これはすぐに外してくれたお礼じゃ」と言って、古い巻物をとり出して楢崎に見せました。

そして、「自分は平十字（ヒラトウジ）で、父はカタカムナ神社の宮司をしている。この巻物は父祖代々伝わる神社のご神体で、俺たちなんかが見たら目が潰れる」と永い間秘匿されて来たものであることを告げながら、古い和紙に書かれた巻物を開きました。

巻物には○と十字を基本とした記号のような図形が渦巻き状に80個配列されており、何かの暗号のようにも見えました。

平十字と名乗る猟師は、その巻物を楢崎に見せながら「今までにこれを見て刀のツバや定紋の絵だろうと言った学者があったがそんなものじゃないんだ」と貴重なものであることを強調し、そして「カタカムナの神を祭り伝える家柄は、平（ヒラ）家と食（メシ）家の二つしかない」とも告げました。

今までに見たこともない不思議な図象符を見せられた楢崎は、かつて蘆有三老師から聞いた古代日本にあったという「八鏡化美津文字」の話を思い出し、「ぜひこれを写させてもらえないか」と願い出たところ、平氏はそれを快諾します。

楢崎はさっそく大学ノートにその図を写し取り始めたものの、机代わりのミカン箱の上でローソクの灯だけを頼りに筆写するのは容易ではなく、量も到底一日で写し終わるようなものではなかったことから、「一夜では到底写しきれないので翌日お宅に伺いたい」と申し出たところ、平氏は「お前さんたちの足で険しい山坂は大変だ。大事な物なので預けるわけにはいかない。毎晩、俺が持って来てやる」と約束してくれました。

それから20日間、楢崎が80個の渦巻き図をすべて写し終えるまで、平十字は毎日楢崎らが寝泊まりしている洞穴に通いました。

ドロカエシの沼で「原子転換が起きているのではないか!?」と直観

楢崎らが金鳥山で穴居していた期間は、冬季の12月から3月にかけての64日間に及び、その間、平十字は昼間不意に現われて六甲の地形について説明をしたり、太古の歴史ついて語ることもあったそうです。

とりわけ印象深い話として、天皇家の祖先である天孫族は、国津系のカタカムナの神を祀る一族の主であるアシアトウアンと戦い、先住民であったアシアトウアンは天孫族に負けて九州へ落ち延び、そこで死んだという話を楢崎らに語ったと言います。

また、平氏から「笹の葉の動くのを道しるべに行けば、お前さんの喜ぶものが見つかる」と言われて、楢崎らがその通りにしながら山に分け入ると、八ヶ所の古代の炉跡からたくさんの遺物を拾集することができ、しかも倉庫跡を測量したらキッカリとメートル法に従っていて、一同驚かされたこともあったとか。

またある日のこと、平氏から「宝物を授ける」と言われ、「明朝、ドロカエシの沼の上で小鳥が90度方向を急転回するから、その直下を掘れ」と指示されます。

翌朝、半信半疑の助手たちと共に楢崎らがドロカエシの沼の辺りで今か今かと待っていたら、平氏の言った通り小鳥が急転回したのですぐにその直下を掘ってみたところ、深い泥の中から一つの黒い珠（玉）が出てきました。

楢崎は、その黒い珠を手に持っているだけで気持ちが安定することから、電子密度の高い鉱石ではないかと強い関心を持ったようで、それを砥石で磨きます。すると、内から光が発したことから、楢崎は「希妙な霊感が涌いた。霊感とは元素転換技術の可能性である」と述べています。

金色燦然たるその珠は純金の比重ほど重かったものの、付近には金の鉱脈はないことはわかっており、楢崎は何とかして珠の正体を見抜こうと、暇さえあれば沼の傍に何時間もしゃがみこみ、穴居生活で冴えた直観を凝らして沼を凝視します。

その時の様子について、楢崎はのちにこのように語っています。

「じっと観つめていると沼からブクプクとメタンガスが噴き出していた。そのドロカエシの沼の環境から、私は三相発生、ミトロカエシの技術の重要なヒントのヒラメキをこの時得た」と。

楢崎の言う三相発生・ミトロカエシとは、常温核融合など特定の環境下である元素が他の元素に転換して別の物質が生成されることで、つまり、ドロカエシの沼の中で原子（元素）転換が起きているのではないか⁉と直観したのです。

しかし、同行した助手たちはそんな楢崎の姿を見ながら「先生、そんな所で一体何をしているんですか？」と訝かるのみで、師の反応にはまったく気づいていませんでした。しかも、楢崎が知らない間に助手の一人（当時の京都生）がその珠を無断で持ち去ってしまい、行方がわからなくなってしまう始末…。

ここに凡人と直観力と探究心の旺盛な楢崎の違いがありました。そして、楢崎の飽くなき探究心はやがて「潜象の物理」を示すカタカムナの解読へと結びつき、原子転換の技術開発（後述）へとつながってゆくことになります。

大地電気の測定のために各地に出向いていた頃、楢崎は度々実家に葉書を送って安否を知らせていましたが、金鳥山に滞在中はなぜか葉書を実家に送りませんでした。楢崎のご息女によると、その頃1ヶ月以上も音信不通になったので大変心配し、『今神戸の近くにいる、あと1週間したら帰る』と書かれたヨレヨレになった葉書が届いたので家族一同ひと安心した」と述懐しています。

平氏との数々の不思議な体験について、楢崎はこう振り返っています。

「一歩一歩平さんの試練に堪え、合格して行ったんだと思います。げんに刀のツバや定紋だろうと言った学者がいたと語ったところをみても、僕の他にも試された人があったのでしょう。今まで誰一人寄りつけなかったのに、僕が彼と非常な交渉をもてたということは、僕に高度の科学の素養があったからこそと思います」

古文書を紐解きながら血の滲むような努力の末、遂にカタカムナの解読に成功

六甲山系の金鳥山で平十字と名乗る人物からカタカムナ神社のご神体と言われる不思議な巻物を見せられ、そこに描かれた記号のような図を一つ一つ丁寧に写筆した楢崎でしたが、書き写した図象符は80種類にも及びました。

以降５年間、楢崎は徹底してこのカタカムナ文献の解読に没入します。

図象符はすべて渦巻き状に記されており、中央から外側に向かって展開していくように見えましたが、その解読には苦難を極めました。

そして、古事記や日本書紀その他の古文書を参考にしながら血の滲むような努力を重ねた結果、遂に解読に成功し、その内容が森羅万象の発生原理を示す科学的な実用書であることを確信するに至ります。

当時はわけもわからず写しとった○と十字からなる図象符の巻物が、大変な内容のものであることを悟った楢崎は、八方手をつくして平十字なる人物を探し求めました。

しかし、その消息は全くつかめぬままでした。カタカムナ神社の影も形もどこにも見当たらず、平氏が「毎年1月15日は祭礼だから」と言っていたその日にも、金鳥山に降り積もる雪の上に残っていたのは狐の足跡だけでした。

楢崎は、平十字氏についてのちにこう述懐しています。

「あれは現実だったのか、幻だったのかと、頭の中ではっきりと判明しなくなる時があるが、きっと山のキツネに化かされていたのかもしれない。だけど、あのキツネが僕の大の親友なんだ。電子は万象生命の根本に通じることを教えてくれたんだ」と。

平十字なる人物は、縄文の流れを汲むサンカ（山窩）ではなかったのかという見方もありますが、楢崎にとっては、カタカムナ文献を記した古代人と蘆有三老師のいうアシア族がいずれも高度な文明を持っていたという点でみごとに合致しました。

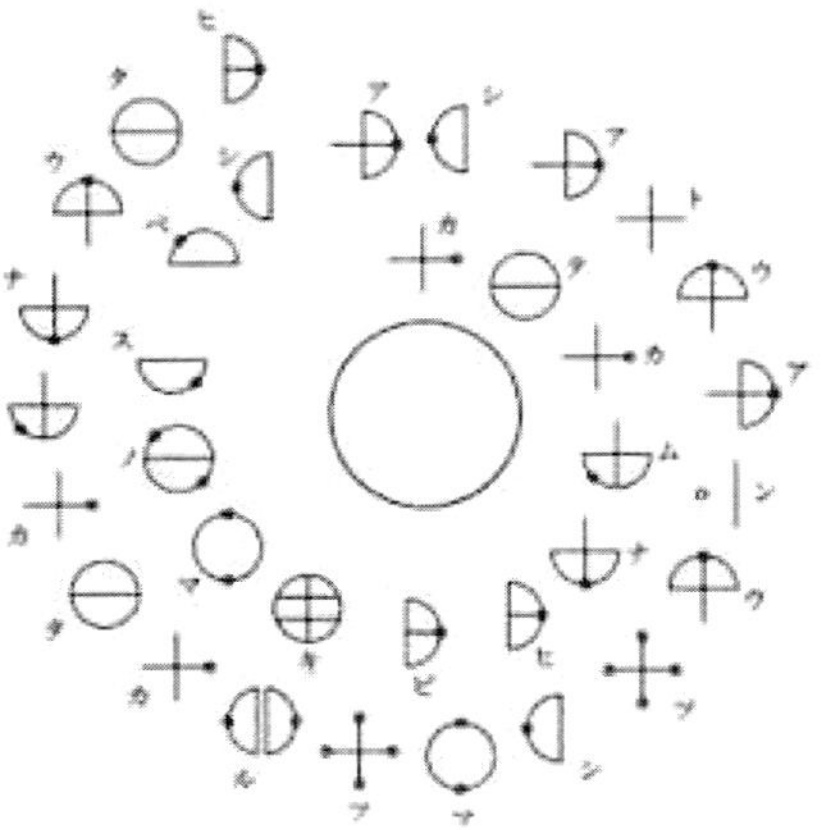

なぜなら、楢崎によるとこれらの図象文字はすべて宇宙の物理法則を示しており、一音一音が複数の意味を持っていて、最初に描かれた図象文字は「カタカムナヒビキ　マノスベシ　アシアトウアン　ウツシマツル　カタカムナウタヒ」、つまりアシアトウアンがカタカムナのウタヒを写しとったものであると解することができ、他の図象文字もすべて五七調の和歌のような「ウタ」として構成されていて、それらの意味がすべて整合性を持って解読できたからです。

そして、このカタカムナ文字こそ日本語の原型（上古代語）であり、またカタカナの元であって、『古事記』に登場する神々の名前や神話もカタカムナの宇宙の理に由来していることも解明しました。

この点に関して、楢崎は次のように述べています（以下『静電三法』より）。

日本の上代人はかかる超極微の粒子を「いさ」と表現し、「いさ」の静の状態を「いさなぎ（凪）」、動の状態を「いさなみ（波）」と言っている。

また、この2種類の結合で客観できる物が生成されるという観念をいさなぎ・いさなみの両神が結婚せられて万物を創造し給うた、或いは拡張して我が国土を創造し給うたとい

う如く、神話に託して上述の観念を表現している。

（略）以上、要するに宇宙対向の静電気は、科学を基礎に技術化するに当って、東洋的考え方を加えることによってまだまだ発展を図る余地のあることを識って欲しいという考慮から、あえて静電気に対し哲学的表現を行う所以である。

地球の表層に賦存する自然物は、その形態容相が重深的に相似する。（略）この現象は単に自然物体の形が似るだけでなく、動植物の生理現象に関連し、人の精神作用と交渉をもつもので、また、多くの宗教的神秘性の物語はこの現象の二次元的所産といえるのである。

宇宙の外側にある潜象界（カム）と現象界（カタ）はお互いに影響し合っている

これを現代風に言い換えば、「ミクロからマクロに至る森羅万象は相似形の構造になっている」ということで、自己相似性（フラクタル）とも言いますが、楢崎はこのような相似形からなる自然界の背後にある世界を「潜象界」と捉えました。

そして、カタカムナ文献には「現象界と潜象界の２つが統合された統一原理」がシンプルな図象符によって示されていたことから、これを「相似象（学）」と名付けました。
すなわち、「カタ」は目に見える現象界であり、「カム」は目には見えない潜象界、
この２つの世界が相互作用（互換重合）しながら
物質や生命現象が発生（対向発生）する＝「ナ」（実体）という発生原理が「カタカムナ」。
この現代科学が見落としている宇宙の真理（カムナミチ）について、楢崎は次のように述べています（以下『カムナガラノミチ』より一部要約）。

カムナミチ（人間の目にはみえない宇宙真理の道）

潜象界（カム）と現象界（カタ）はお互いに影響し合っている。これは私たちが宇宙と呼んでいる外側にも、さらに立体的に数々の宇宙球を引きずっている根本があるということで、それは目には見えず実態はつかめないが、外の宇宙球との間には何かさえぎっているものがあると思われる。

宇宙球は正反に張って均衡がとれていている球であり、各々の宇宙球はそれぞれの位置でほぼ定まって浮んでいる。そしてその宇宙球の外側から新しい宇宙球が外側から産み落とされている。それは宇宙創生の道であり、カタカムナではアラカミチ（新しいものが生み出される道）といっている。

つまり、宇宙球の外側には物質をつくる根本（エネルギー体）があり、そこは厚い球冠のようであり、人間が想像することもできないような無限の力をもった壁のようなものである。その壁には万物の力（エネルギー）を発生させることのできる場があり、それがアラカミチである。

そこはアマ始元量が球となり自転公転する力（エネルギー）を起こす場ともいえる。

そして宇宙球の外域（認識できていないので外域というが）万物の形をつくる根のようなエネルギーがあり、そこには必ず２つの根本が存在している。

その中の１つは「カムナ」と呼び、もう１つは「アマナ」と呼ぶ。

すなわち、カムナである客観背後の無限界と、そこから生れた有限の始元界であるアマナである。その場は宇宙創生の道（場面）であり、宇宙界はこのように創生（産む）されて自由に現象の場に現れるが、その時、同時に互換性と重合性の性質が現われる。

それと同時に現われた現象は、再び、カムの穴に隠れて潜象となり、また潜象の身から現象に生み落とされるという循環がくり返されていく。

さらに宇宙球の性質には膨張と収縮をくりかえしながら、球の底（外殻・認識はされていない）長い間自由に保持されてきた根本がある。何故なら正反は対向するという性質をもつアラカミチにいるからである。

カムから生まれる万物起源の「ヒ」が潜象から開いて現象に生みつづけるミチは、「正反対向・互換重合・膨張収縮　結球拡散」などの性質を持って万物は現象化する。

しかし、その存在は一瞬たりとも停止して存在する事はできないという直感と悟りが根底にある。（現代科学・元素不変・物質不滅の法則と相反する教えである）

宇宙球に新生される天体（物体）すべては、始元量が個々の球をつないであらゆるものがつながって存在している場（アラカミチ）であるが、常に１つの物質の中にナギ性とナミ性が複合状態で存在し、互いに換わりあっている。

ナギ（凝縮　静止　統合する粒子性）
ナミ（拡大　膨張　分化する波動性）

これは計測できない物理であるが、宇宙球の互換重合する場所は７の周期性で保たれている。それが7で保たれていると宇宙球は安定持続することができる、それをアラカミチという。

天然・自然の構造と機能までも統一的に示しているカタカムナ図象

楢崎は、カタカムナ人はこのヒフミヨイなど48音の組み合わせからなる図象符、すなわち上古代文字を「ヤタノカガミ」と呼び、これらをあらゆるものの基準・規範を表す原型、つまり天然・自然の根本原理として活用していたと解釈しました。

例えば、以下のコトバは、それぞれ次のような物理現象を指します。

アマノミナカヌシ＝プラズマ　イザナギ＝粒子性　イザナミ＝波動性　イカツミ＝電気
マクミ＝磁気　ソコ＝膨張　ソギ＝収縮　シマ＝流線　マリ＝粒子　クニヌシ＝原子核
オモダル＝質量　ソコソギ＝膨脹収縮　トコタチ＝互換重合　イマタチ＝統計的存在性

このように、上古代のカタカムナ人は宇宙の諸現象を極めて簡素な形に抽象化し、そしてそれらを広範囲に応用することによって、天然（カム）及び自然（アマ）の構造と機能までも統一的に示していた――楢崎はそう解釈したのです。

ということは、古代日本の縄文人は、物事や事象を相似的に識別する能力が極めて高く、マクロの宇宙天体の構造も、地球も、そしてミクロの原子まで全て相似象であることを直観的に悟っていて、それをシンプルな図象に示すだけの抽象能力があったことになります。

だとすれば、縄文土器などに見られる渦巻き紋様もその名残りなのかもしれません。

楢崎の解読によると、次のカタカムナ80首の中の第1～3首のウタはその基本原理を示したものです（尚、80首については明窓出版『完訳 カタカムナ』をご参照ください）。

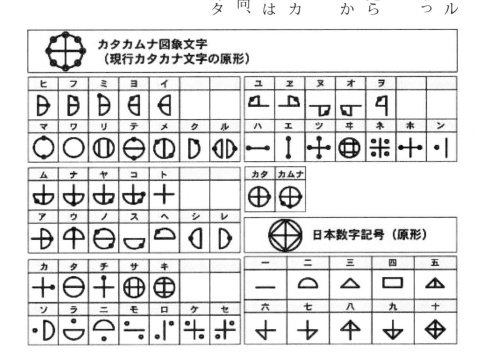

第1首

【アマカムナ】現象と　潜象の　対向は
【アマカムヒビキ】現象と潜象が　影響し合っている
【カムナガラ】目には見えない直観の物理であるが
【タカマソトハラ】宇宙球の外原（外界域）は
【オシクモネ】立体的に示された　自由に引きずっている（存在しているものはわからぬが、目には見えない雲のような遮るものが、実体は掴めないが接続している）
【タカマハルハラ】宇宙球正反に張る原である
【アラカミチ】宇宙球創生の場面は
（アマとカムの複合系の潜象からあらゆる宇宙の万象を形づくる新しい生命が創生される道＝創生の道）
【ウマシアマタマ】生み落されし宇宙球は
【カムナミチ】潜象の身を次々に現象として生み続ける道である

第2首

【カムナガラ】　カタチこそ人間の目には見えず測量もできないものながら直観の物理によるとコトワリ

【タカマカシキネ】　宇宙球の外域にはカタチをつくる根があり

【トヨカブシ】　厚い球冠でつくられている無限の力の壁である

【チカラムスクラ】　そこには一切の力を発生する場があり

【アラカミチ】　宇宙創生の道がある

【メグルアマタマ】　それはアマ始元量が宇宙球を構成する自転公転運動を起こす場である（旋転循環の運動体）

【カムナミチ】　潜象の身を次々に現象として生み続ける道である

※カムナの支配する道である（カムナは球状ではなくカムの力の壁から与えられるカムナのミチを通じてアマナ＜現象直前核＞の壁から与えられるカムナのミチを通じてアマナ＜現象直前核＞に送られている）

第3首

【カムナガラ】　目には見えない直観の物理であるが
【タカマナリフネ】　宇宙球の成り立つ２つの根元
【サネタチネ】　カムナという雌性の根（核）とアマナという雄性の根（種）である
【カムナアマナノ】　客観背後の無限界と現象の始元界の
【アラカミチ】　宇宙球創生の道（場面）であり
【タカマミハシラ】　宇宙球　体を保つ柱は
【カムナミチ】　潜象の身を次々に現象として生み続ける道である

縄文人は万物が潜象界と現象界のヒビキによって発生していることを知っていた⁉

カタカムナ人はこれらの図象文字を用いてあらゆる万象・事象のナリタチを統一的に理解していたと考えられることから、楢崎はこれを従来の現象物理に対して「直観物理」と見なしました。

そして、楢崎はカタカムナ人が遺した直観物理に基づく生産技術として、1、イハカムナ、2、タガラモリミチ、3、キメカムナ、4、カムヒルメの４つを挙げています（『カムナガラノミチ』より)。

イハカムナは石の細工技術、タガラモリミチは農業の技術、キメカムナは木工建築、カムヒルメは製鉄と冶金(やきん)の技術です。

これらの技術は、六甲山系に点在する巨大な磐座群、兵庫県高砂市にある生石神社の「石の宝殿」、また、たたら製鉄など古代製鉄が盛んでかつ陰陽師が活躍した播磨国などの地域性とも重なることから、蘆有三老師の言うアシヤ族との関連を伺わせます。

古代中国の道教の源流に縄文カタカムナ文化があったとすれば、宇宙の天体現象と人間社会の相似性に基づく占術や地相・方位術などの吉凶を占う日本の陰陽師たちにその叡智が引き継がれていたとしても何ら不思議ではないでしょう。

地相と言えば、楢崎はイヤシロチとケカレチを見分ける方法として、

「ヨモ(四方)のタカミ(陸身)を結ぶトコロは、イヤシロチにて、ミソギに良しヨモのヒクミ(低身)を結ぶトコロは、ケカレチにて、ミソギに不良(ふさ)はず」

と述べています。

ミソギとは、天然界(潜象・カム)のミ(実体)が発生するということです。従って、四方の山の高みを結ぶ線(高位線)が交差する土地はイヤシロチで、低み(谷)を結ぶ線の(低位線)交差地がケカレチであるという意味ですが、これは楢崎らの大地電気の調査結果とも符合しており、古代の日本人はこうした叡智を直観的に理解していたこ

とを示しています。

そして、こうしたカタカムナ人の叡智が大陸に渡り、のちの老荘思想や地理風水、中国医学など気のエネルギーを活用する技術として応用された可能性があるということです。

つまり、縄文人は、大自然はすべて相似の形と作用を持ち、それは単に自然物の形が似ているというだけでなく、あらゆる物質や生命は同じ原理、すなわち潜象界と現象界の相互作用（ヒビキ）によって発生しており、自然界の背後には目には見えない天然界（天の摂理）があることを直観的に悟っていたと考えられるのです。

四方の山を見て、高みの線が交わる場所は作物がよく育ち、低みの線が交わる場所は耕作には不向きであるという見立ても、彼らが山や谷など自然の造形を見ただけで生命場の違いが理解できていたからで、高度な文明人であったことを意味します。

であればこそ、縄文時代の人々は、微生物や動植物たちともうまく共存しながら、健やかで平和な社会を永く築けていたのかもしれません。

第４章　後継者・宇野多美恵氏との出会い

自然界の「動」の状態は天然界の「静」と対向して安定した定常が得られる

平十字との出会いから数年が経ち、現代科学が及ばない潜象界（天然）までも包含したカタカムナ超科学の解読に成功した楢崎は、その間にも弟子や賛同者に植物波農法の指導を続け、自然界の背後にある〝天然のチカラ〟を活かす公害を生み出さない新たな農法の普及に務めました。

それはマイナス電子を活用して良質の植物を栽培する技術であり、また同時に、物質に電子チャージ（付加）すると物性が変わること（物質変性法）、さらに電子を活用すると体質改善などにも効果があることを理論的に解明し、それらの技術開発も行いました。

楢崎のいう植物波とは「植物個体の組織器官の各部位に現れる重畳位相波」の略で、重畳とは天然界（静）と自然界（動）の電気的結合を意味します。

この点に関して、楢崎は次のように説明しています（以下『静電三法』より）。

東洋的観念哲学では、客観される自然界は天体が絶えず運動の状態を続けている如く、一切の客観は運動を続ける動の状態にある。しかし、自然界の動の状態は、天然界の絶え

ず静の状態を続けることに対向して、静動一体化された絶対の状態に置かれているというのである。（中略）従って自然界において自由に状態を半面ずつ変えて表すことができても、結合している他の半面の状態を切り離して、独立する単一の状態に保ち得ないという観念である。

それ故に、客観の自然界は休みなく1つの状態から他の状態に遷移する無常と観られるが、常に天然界の静と対向して安定した定常が得られるという見解をもったのである。従って、対向とは独立した対立ではなく、無論、対抗することではない。宇宙の対向とは、無限遠的に相関する関連を追求することを意味する表現である。

この「天然界と自然界の対向発生」とは、天然界の「静電気」と自然界の「動電気」の重畳波によってあらゆる物質の電磁気現象が生じているということで、それは植物細胞の電位変動（植物波）だけでなく、人間の脳波や生体磁場も同様の現象だと考えられます。つまり、植物波農法で最も重要な環境要因は、潜象界の静電気と現象界の動電気の結合によって生じている大地（環境）電気であり、楢崎は、電気は前駆流としての大地の磁気（カムミ）が空気中の電気（イカツミ）と重合（カラミ）しあって現象化していると見ました。

換言すれば、自然界の負の電荷を持つ電子に対して、正の電荷を持ち強磁性を出現させる正孔を「静電気」として捉えていたということです。

そこで、大地電気を安定化させるために、地域内の電位差が大きい（電圧の高い）場所に対して、埋炭や陰イオンを発生させる先の尖った針金、陽イオンを中和する金網、また種子の静電気処理法などさまざまな技術を開発したのです。

楢崎の植物波農法は当時の時代の大きな流れを変えることはできなかった

大地電気の調査と実施試験の成果として楢崎が編み出した植物波農法は、２００余種の技法にのぼり、それは次の７つの技術に分類されます。

1. 大地電位、大気電位の調整に係わる技術面　50種類
2. 地力物質並びに給与物質の電位調整に係わる技術面　64種類
3. 輻射圧の調整に係わる技術面　75種類
4. 種子・種苗の電気特性改善にかかわる技術面　9種類
5. 相似象による劣勢線の観測に係わる技術面　8種類
6. 地下推肥の製造使用に係わる技術面　9種類
7. 損傷電位の利用に係わる技術面　21種類

電気的に見て望ましい農地・耕作地とは、地域内の電位差が安定している等電位であり、周辺と比べて電子量の多いマイナス電場であることが基本。

つまり、「良い土壌」とは電子量の豊かな(電子密度の高い)マイナス電位の土地。なので、もし微小電位差計で測定した結果、電気的に悪い条件の劣勢地であった場合には、上記の技術を用いて大地電位を調整して優勢地帯に変えればいいわけですが、楢崎はこうした技術の特許を取らず、感心のある人たちに惜しみなく教えました。

その理由は、植物の生長点（先端部）は電子量が少ないので、そこに向けて電子量の豊かな土壌から根へ、根から幹へ、幹から先端部に向けて電子を流す必要があるからで、ようは土壌から生長点への電子の流れが順調であるほど植物はよりよく育つからです。

そして実際に、植物波農法を実施した各地方の農地の事例によると、いずれも土壌が改良されて作物の質や収穫量もアップしたことが、楢崎らの直弟子や孫弟子たちによって報告されています。

植物波農法はやがて農薬の普及と共に隅に追いやられていきますが、基本となる炭素埋設は昭和38年頃から各地で実施され、昭和60年代には本格的に普及しました。

伊勢の神宮御園（神宮の神饌の野菜や果物を生産する畑）でも導入されるなど、現在ではポピュラーな土壌改良法として、また地力を高める磁場処理法として知られていて、専門業者も増えたことから益々広がりを見せています。

今ならそのハウツーをすぐに商業化に繋げるところでしょうが、楢崎が特許を取らなかったのは、目的はあくまで無農薬、無公害のための技術開発であり、それゆえ誰に対しても自由に門戸を開くと共に、同じ原理で人の病気を治し、健康にする方法（人体波健康法）も実用化していたのです。

楢崎の直弟子の証言によると、楢崎は「どんな優れた技術も一部の資本家や野心家に奉仕する結果となっては研究家の喜びはない。自分たちの開発した技術で一般の人々が幸福のために上手に活用して喜んでもらえる。これが僕ら研究者の楽しみだ」と語っていたそうです。

こうした反骨精神は、松下村塾出身の祖父の影響が伺えると同時に、楢崎のそれまでの生き方からも庶民にとっての幸福と理想社会の建設に対する楢崎の熱い思いが感じられます。

しかし、こうした楢崎らの斬新かつ画期的な取り組みは、当時の時代の大きな流れを変えることは残念ながらできませんでした。

というのも、昭和30年当時はまさに高度経済成長の真っただ中であり、それに伴って農薬産業の生産出荷は増大の一途を辿っており、それに反比例するように一時は話題を集めた植物波農法もあっという間に見向きもされなくなってしまったからです。

ほとんどの農家が短期間に多収穫が得られるからと農薬使用を続け、その使用量が増加し続けた結果、いわゆる「４大公害」（水俣病・第２水俣病・四日市公害・イタイイタイ病）が大きな社会問題となりました。

また同時に、１９６２（昭和37）年にレイチェル・カーソンの『Silent Spring（沈黙の春）』が刊行されたこともあり、農薬による環境汚染問題に警鐘が鳴らされて、農薬の毒性、残留性や使用法などについて見直しが行なわれるようになりました。

その結果、農薬が及ぼす負の側面、とりわけ有機塩素系農薬などが環境汚染や生態系の破壊をもたらすことが問題視されたことから、今では環境・生態系への影響評価が開発の必須項目となっていますが、半世紀以上も前にその危機に気づいていた楢崎は、誰よりも早く天然の理に基づいて有効な手段を講じていたのです。

天然のチカラで現代の酸化型文明を還元してバランスをはかろうとした

農薬の悪影響と同じような問題は、私たちの身体・健康面に関しても同様に及んでいます。

厚労省の統計によると、日本では戦後、脳血管疾患、がん（悪性新生物）、心疾患の死因順位は年々上昇し、１９５１（昭和26）年には結核に代わって脳血管疾患が第１位になり、１９５３（昭和28）年にはがんが第2位、１９５８（昭和33）年には心疾患が第３位となり、高度経済成長期に入ってからいわゆる「成人病」が死因順位の上位を占めるようになっています。

また、40歳代及び50歳代の死亡者総数に占める成人病の割合の推移は、終戦直後の１９４７（昭和22）年には40歳代で２５．７％、50歳代で３７．６％であったのが、１９６０（昭和35）年には40歳代では４９．０％、50歳代では６２．９％と何と2倍近くまで増えています。

成人病は、がん、脳血管疾患、心疾患、糖尿病、高血圧性疾患などの総称で、生活習慣に起因することから現在は生活習慣病と呼ばれていますが、生活習慣病の共通因子として挙げられているのが「活性酸素」です。

活性酸素とは、呼吸によって体内に取り込まれた酸素の一部が活性化した状態になることで、これが過剰に増えると細胞傷害をもたらしてさまざまな不調や病気を招きます。活性酸素の主な発生要因としては、紫外線、放射線（電磁波）、大気汚染、タバコ、薬剤、ストレス、過度の運動、酸化した物質の摂取などによる「酸化ストレス」です。

酸化とは物質が電子を失うことで、還元とは物質が電子を取り入れることですから、酸化ストレスによって生体内の分子が酸化し、それがさまざまな病気を引き起こす原因になっているのです。

これは細胞が電子不足に陥って過剰に酸化（老化）している状態なので、そこでいかに抗酸化力（＝還元力）を高めるかが予防と病気回復の鍵となります。

この「電子不足による健康障害」という点も、楢崎がすでに半世紀以上も前に予見していたことです。それは楢崎が「栄養の本質は電気の代謝現象である」と捉えていたからで、この点について楢崎はエントロピーを例に挙げて次のように説明しています。

栄養の本質は電気の代謝現象

生命の死という状態は正のエントロピーが最大に達した状態であり、生物体は生きている限り常にエントロピーを増大しつつある。生物栄養の必要性は環境から負のエントロピーを摂取して正のエントロピーの増大を相殺することである。

人間が気分を良くして栄養を高めるということは、外界から静的優位勢力（電位、その他）という秩序の高い次元によって負のエンロトピーを得たからである。

つまり、栄養の真の元となるものは人体構成の物質を含む環境空間における静的位置勢力、即ちポテンシャルエネルギーの代謝現象であり、したがって栄養は環境から電位と電子量を体内に代謝させる現象として観る必要がある。

エントロピーというのは、熱力学の第二法則である「無秩序な状態の度合い（乱雑さ）」

を表す概念で、通常は時間の経過と共にエントロピーは増大します。

しかし、生物はそれとは逆の負のエントロピーを摂取していると考えられていて、楢崎はその負のエントロピーが得られる根拠を、環境中の天然界の静的電位、つまりマイナス電子を取り入れて還元（＝代謝）することであると卓見していたのです。

そして、実際にそのための技術開発にも取り組んでいました。

ようするに、現代社会は外部環境も内部環境（体内）も過度に酸化しやすい劣悪な環境に置かれており、楢崎はこの現代社会がもたらす酸化ストレスを天然界の電子（静の電気）を供給することによって消去し、根本的に改善しようとしたのです。

換言すれば、現代の物質酸化型文明を還元するために天然の理を取り戻し、社会全体を中庸化しようとした、そのための抽象理念と技がカタカムナ科学に基づく相似象学とも言えるかもしれません。

考古物理学講演会の初日、後継者となる宇野多美恵女史との運命的な出会い

しかし残念ながら、唯物科学一辺倒の学会やマスメディアなどは、稀有な天才科学者・楢崎皐月を理解し、受け容れようとはしませんでした。

そこで楢崎は、数少ない理解者である何人かの弟子たちを率いて、昭和30年代頃からカ

タカムナ文献研究の後継者を捜そうと全国各地を回り始めます。

そして、１９５７（昭和32）年、58歳の時に「技術専修養成講座」全国静電研究連合会を発足させ、翌年に『静電三法　技術専修員用テキスト』（植物波農法・物質変成法・人体波健康法）を発行。続いて『宇宙対向式静電圧可用電源装置取扱要項』（特殊静電処理機）発行した後、１９６６（昭和41）年、67歳の時に『日本の第1次文明期の特徴』を著し、盧有三老師・平十字氏から得たカタカムナ・日本の上古代文明に関する古文献の知識について語り始めます。

さらに、カタカムナ文献に基づいて古事記等の古文書の解読を進めると共に、１９６９（昭和44）年12月4日、ある固い決意を持って一般向けの講演会を開きます。

それは、自身の後継者を見出す願いも込めて、東京虎ノ門にある文部省の国立教育会館において考古物理学連続講演会を定期的に開催することでした。

そして、第1回目の講演会の開催日、楢崎は会場に訪れていた宇野多美恵女史と運命的な出会いを果たします。

二人の出会いは楢崎が得意とする直観によるもので、宇野氏の姿を見た楢崎は見えない磁力に惹かれるように彼女に声をかけ、自身が主催する婦人部会のリーダーを委任したのです。

当時、楢崎は70歳、宇野氏は52歳でした。宇野氏は18歳で第一の師である中沢美代子から孔子の教えを学び、20歳の時には第二の師・富永半次郎に師事してゲーテや釈迦の悟りについて学んでおり、楢崎からカタカムナのサトリについて学ぶことによってすべてが落着したことで、楢崎皐月が最後の第三の師となったのです。

講演会を始めた翌年、楢崎は次の8つの部会からなる天然会を発足させ、その中の婦人部会を宇野天然会として、同年10月に『相似象』（会誌）の創刊号を発刊します。

1、考古物理（カタカムナ文献）研究、2、生医学（人体波健康法）研究、3、天然農法（植物波農法）研究、4、天然食研究、5、情報整序作業、6、特殊技術研究ストック、7、図書整理・機関誌発行、8、婦人部会（宇野天然会）『相似象』発刊。

またこの頃、極秘に続けてきた反電磁場の研究（東海村原子炉関係の仕事）が、部下に数百万円の資金を持ち逃げされたために中止をせざるを得なくなったこともあり、弟子たちに「カタカムナ研究の発表は『相似象』誌に限るよう」命じ、宇野氏に対しても「今の科学では認められていないことを公の場に出せば必ず叩かれるので、無駄なケンカをせず、上古代の物理はこうであると、シロウトとして押し出せばよい」と助言。

以来、楢崎は最晩年の4年間、唯一人の後継者に指名した宇野多美恵氏にカタカムナの叡智を伝授することになるのですが、楢崎にとってはそれまで誰にも理解されなかっただけに「二人が出会えたのもアマのオコナヒであり、人間の成せることではない」と喜び、片や宇野氏は「天才の楢崎皐月から凡人の筆者への体験伝達の実験」と述べています。

宇野氏と出会ったことで、楢崎は二人で『相似象』誌を発刊すると共に、『相似象』第2号の発行を機に宇野天然会から「相似象学会」と改称し、7号以降は宇野氏が師の志を引き継いで『相似象』誌上でカタカムナの思念について詳細な解説を試みます。

以下は、宇野氏による「相似象学会について」の説明文です。

相似象学会は、この、楢崎皐月の解説したカタカムナ文献を根拠とし、カタカムナのサトリを把握した上古代人を『カタカムナ人』とよび、彼らの創造した言語を、日本語の起源とし、カタカムナのサトリを、日本民族固有の哲学、宗教の祖とし、そこに、日本民族の文化の原点と、日本史の発祥を観じ、そして現代人の知性を以てそのサトリの内容を吟味し、めいめいが、身を以てそのサトリを実験し、追体験する勉強会として、発足したものである。

一般の学者智識人からは、遂に正当に認められる事なく終ったこの生涯の研究を、彼は、最後に、自分の納得できるだけの決定版に整序して相似象会誌にとどめ、後世の知己をまつ心境であったのである。

それ故、相似象学会の発足に当り、楢崎皐月は、過去の一切の著述、講演原稿等を破棄し、手許に一冊の著内も一枚の原稿も残さず、私共にも、今までのものは、すべて焼き捨てることを命じた。今後「相似象」以外には原稿も書かず、講演もせず、唯一、「相似象」

会誌上にのみ発表するものを、楢崎の真意と心得るように、と言明した。

人類文明を軌道修正するための奉仕活動と「無我協同体」

１９７０年（昭和45）年６月11日の考古物理学連続溝演会の最終日、新たなスタートを切ることになった楢崎は、これまでの取組みと今後の展望について次のような発言（総括）をしています。

私達は敗戦直後から、人類文明の軌道修正の強力な奉仕活動を続ける為に、無我協同体を盟約し、「化成会」を作った。

しかし、すでに汚された地球を単に過去に戻すだけは問題の根本的解決にならない。

世間では、一、「物質文明の行詰りを打解する為には、東洋的粕神文明を普及すべきだ」という意見を表明する人が多い。

又、二、「物質文明が、自然を破壊する方向に進んだ為に今日の公害を起したのであるから、自然に帰る思想を普及し、その実践活動としては、自然保護、自然愛護とか、自然農法、自然食運動を推進すべきである」「将来の文明は、従来の宗教と科学の統一を図る事が前提である」という意見をもつ人も多い。

これらの意見に対する私達の考へ方を要約すれば、次の通りである。

一、物質文明は精神文明の所産であり、物質文明が行詰ったという事は、物質と精神の相対思想の共役の結果である。言い換えれば、どちらの文明も既に行詰っているのである。

従って、軌直修正の方向を、東洋的な精神文明に切り換えてみても、効果は期待できぬことであろう。

二、公害の無い社会を造る為に「自然に帰れ」「昔に戻れ」という運動を拡大せよという思想にも私達は共鳴できない。自然は既に、人間の手に負えない公害を受けているからである。

本来人間は、自然の中に属する存在でありながら、自然を「改造」し、自然を「制服」する、という大それた企図をもった為に、自然は改悪され、公害は加速度を加えて拡がっている。もはや、我々は、「帰るべき自然」を失っている。

人類が滅亡し、何億年かを経過すれば、放っておいても自然は自然に復帰することは確実であろう。「自然に帰れ」と叫ぶ人々の気持はわかるが、自然に帰る運動は既に後手に廻った対策だと私達は観ている。

三、科学と宗教の「統一を図る」全くのナンセンスである。「宗教」と「科学」はともに人類の造った文化であり、次元の全く異なる関連で発達し、自然の公害を拡大した共犯者である。

神秘思想に基準を置いてきた従来の宗教と、物質偏向の理学に基準を置いてきた従来の科学は、いずれも、「自然の真相を文明にする」という人間の本来の努力を欠いていた。

自然界の客観現象の背後には、天然界があり、その天然界を「文明」にしなければ、自然界を「文明」にする事はできないということの最も基本的な路線を忘れてはならない。

四、私達の考へる「人類文明の軌道」は、「天然を文明にする方向」に布設されるものでなければならない……。そして我々がその仕事を成就するには、天然の力と天然の利器の援けを借りる必要がある、と私達は考えている。

その意味で、現代の我々よりも鋭敏な生物体覚的直観によって、現代科学とは別の角度から観じ、自然界を支配する天然界の物理を、ある程度の奥行まで把握していたカタカムナの上古代人のサトリは、生物体覚的直観の劣化した我々現代人が、その自然の相を支配する天然理を探る上に極めて貿重な参考資料であると考へている。

五、近代の「物質（偏重）文明」は、最初は「炭酸文明」と謂れたように、炭索と酸素の化合によって放出されるエネルギーを駆使して開拓された。最近の「物質（惨酷）

文明」は、「核破壊エネルギー」を駆使する人達によって開発されたものである。将来、人類が公平にその恩恵に浴し得る「天然文明」は、「アマ始元量の生成・還元エネルギー」を駆使する民族によって開拓されるであろう。

六、以上のような考へ方に基づき、私達は秘匿の研究を続け、その一つの反電磁場の研究（核エネルギーを無力化させる技術）は、近々最終実験を行った上で無償で政府に提供するところまで漕ぎつけた。

私達が研究途上の技術を金に換える方法はいくらでもありながら、要心深く、ひたすら研究内容を秘匿して来たのは、威力的な天然の利器が整備されるまでその技術をストックする事が最も必要であり、それが私達の軌道修正運動のポテンシャルを高める所以であると考えたからである。

「無我協同体」とは、名を求めず、研究成果の対価を求めず、自分達の研究家としての能力を奉仕して、将来の日本に必要なものを造りあげ、やがて国家がそれを必要とする時その成果を無償で時の政府に提供する事を誓った、「我の無い協同活動体」の意である。

こうした一種の捨身な気持が、外国からの技術家招聘を拒み、当時の敗戦直後の混乱期の食うや食わずの世相をよそに（農業技術の基礎研究の為に必要とは言え）、三年間も全国にわたり大地電気測定調査を行うというような常人離れの行動をとら

せ、それが金鳥山穴居、平十字との出会い、カタカムナ文献解読等の一筋の道とも言うべき一連の振動波（ヒビキ）、につながる事になるのであろう。

これらの文言から、楢崎のこれまでの人生はまさに自然界の背後にある天然界の理を探究し続けた道程であり、また新たに宇野氏を迎え入れた「無我協同体」は、物質に偏重した現代文明の弊害を克服し、新たな天然文明の礎を築かんとする決意表明のようにも受け取れます。

こうした師の熱い志に応えるべく、宇野氏は以降35年間に『相似象』誌を計26冊発行しています。そこで一貫して取り上げたテーマはカタカムナのサトリと感受性であり、この点に関して宇野氏は次のように述べています。

カタカムナは生物脳が１００％開花していた時代の人間が感受したウタである

『カタカムナ文献（ウタヒ）』は、カタカムナの上古代人が、自分の感受性で感受したモノゴトを精一ぱい自分の脳を開発して考えてコトバ化したもの（おそらく人類最初の文献）である。

カタカムナ人が「ヒ」（根源）といったモノ、則ち、カタカムナ人が発見した宇宙のあらゆる現象の「ヒ」（根源）とは、とりも直さず、潜象の存在（カム　アマ）のヒ、即ち「カ」とよぶモノである。

楢崎皐月は、上古代人が「カム」といったものは人間の能力で説明できるものではない。「カム」としか言いようがない。


カタカムナ人の造語法は『宇宙の万物万象は、すべて「カ」の変遷物である。』というサトリに基づいて居り、四十八のコトバは、「カ」の変遷の状態を抽象したものである。

自然の動植物のように、私達のイノチを生かしているモノが「カ」なのである。

それが「カハ」として現象界に現れると右旋（サヌキ）と左遷（アワ）の右回りと左回りの渦になるのである。


潜（カ）象（ム）の「カ」が、現象に出たものは、「アマ」「マ」「マリ」「タマ」と変遷する。

カタカムナの上古代人は、数万年前の後氷期のネアンデルタールやクロマニヨン等の洞窟人のレベルの頃から『自分たちの生命を生み、生存させているモノは何だろう？』という思念（オモヒ）を起し、人類の「種」のもっている動物レベルの生物脳の感受性（アワ）を極限まで鍛えて考え考えつづけ、その考えたことを、人類のみのもつ進化した人間脳（サヌキ）を最高度まで開発して抽象し、コトバ化して、遂に「カム」「アマ」という潜象・

現象の二重構造（フトマニ）を発見し、「生命現象」というものがどのようにして潜象から発現するか？という「アマウツシ」の機構を、物理（サトリ）として八十首のウタに示すことが出来たのである。

「カ」というモノの存在を受け入れなければ、カタカムナのサトリを承認することは出来ない。

筆者も科学を信じる現代人であったが、楢崎皐月によって科学の限界をハッキリと知らされ、カタカムナの上古代人の開発した「カ」の物理、則ち日本語の「カ」というコトバの真実を知らされ、愕然として新しい思想の芽が吹き出す思いがした。

そして、カタカムナ人が発見し、「カ」と名づけたモノ（潜象の存在）がすべての生命の根源（ヤタノカ　カミ）である、という思想はゆるぎない真実であり、（自分の生命も「カ」から夕してノしたモノであり）我々宇宙の万物万象は、植物も動物も人間も鉱物も、則ち微小な電子・原子・ヴィルス・細菌・酵素から巨大な地球や天体に至るまですべて「カ」の変遷物の相似象である、ということをハッキリと認識に出すことが出来るようになった。

カタカムナ人は、現代科学の電気物理や原子物理のような考え方ではなく、あくまでも実際の生命現象の発生と変遷の物理として、カムとアマ、カとミ、カとカムナ・カハ・イ

ハ・トハ・トヨ・ミツハ・ミハラ等の一貫した生命原理（カタカムナのサトリ）を示していたのである。

遺伝子を発現させる以前の潜象の物理を、現代人の「人間脳」だけでなく、「生物脳」（人間にもあるが鍛えられていない、動植物は「人間脳」はない）が100パーセント開発されていた時の人間が感受したウタである。

つまり、こういうことです。

・すべてのモノは、宇宙の根源（ヒ）である天然＝潜象界（カム・カ）から自然＝現象界（アマ）に派生したモノである。

・根源的な「カ」のエネルギーが変遷して現象界に現れると、右回転（サヌキ）と左回転（アワ）の二重構造の渦の状態となり、そのような事象のナリタチを抽象化したのが48のコトバ（音）であり、それが母音を主とする日本語の原型（カミ）となった。

・生命も「カム」「アマ」という潜象・現象の二重構造によって発生し、この生命原理としてのカタカムナのサトリは、本来人間に備わっている生物脳の感受性（アワ性）を鍛え、磨くことによって感得できる。

・生物脳の感受性（アワ性）を磨くには、発生と変遷の物理であるカタカムナ文字と80首のウタに込められた思念（オモヒ）とヒビキあう（共振共鳴する）ことが肝要である。

現代科学では未知なる問題に取り組んでいたため「常識人」には理解されなかった

30年間に渡る艱難辛苦を経て、１９７０年に初めて自身の研究内容の一端を公的に発表した楢崎でしたが、その楢崎から個人指導を受けた宇野は、楢崎の心情や過去のエピソードについて次のような証言をしています（以下、『相似象』誌の記述を要約）。

・楢崎自身が関係省庁から弾圧された苦い経験があり、また新説を主張する人々が研究発表しても学会からはほとんど無視され、強行すればフクロ叩きにあうためやむなく地下に潜らざるを得なくなった事情を熟知していたからこそ、楢崎は家人にも内緒で陰で着実に自分の研究を進めながら心ある人々に成果を伝えるしかない、と考へるに至った。

・楢崎は徹底したトボケの名人で、敗戦直後、アメリカからＧＨＱを通して強力な誘いの手がかかったが、しかし彼は「バカ」を装ってどこまでも逃げ切り、他の人々のように「国外頭脳流出」をせずに済ませた。

・楢崎が原子転換の研究をしていることがアメリカやソ連側に探知され、かぎつけた科学新聞の記者の書いた文章が一部の日本人に知られた際も、「楢崎教授」とあったのを盾に『別人でしょう…』としらを切って逃げ通した。

・楢崎の右腕の部下であり、海軍の技術研究所の所長であった徳永氏は、ロシアからの誘いを拒否したため、三日三晩付け狙われたあげく殺害された（世間的には単なる交通事故として処理されたが）。この事件後、研究所のメンバーはさらに要心深く地下に滑り、研究内容と自身の保全を自衛せざるを得なかったと同時に、楢崎は徳永未亡人に対して月々生活費を送り、その事は一切楢崎の家人にも秘されていた。それゆえ、たまたま徳永夫人の一件が家人に洩れて思わぬ誤解を生み、無実の楢崎を終世苦しめることとなった。

・楢崎は、原子爆弾を持たない日本の将来の安全を守るために核エネルギーを無力化させる反電磁場の技術を無償で日本政府に提供しようとした。また将来の労働力不足に備えて電力を用いず食物をエネルギー源とするロボットの研究、従来の危険な動電を静電状態に保つことによる動植物の治療、種子の変成、品種改善等に応用する技術、ゴミ処理技術等々、ノーベル賞を超えるような研究を行いながらも、自身は『ノーベ

ル賞の審査員達の能力以上のものはノーベル賞の対象にならないだけのことだ』と淡々としていた。

・楢崎の行動には常識でははかれない飛躍があり、科学でまだ判らぬ自然発生の問題を追求しているがゆえに一般人には理解されず、常識人の目には「精神異常」としか映らなかった。満州から帰国後も家人から満州時代の部下の出入りを禁じられるなど、周囲には理解者や彼を弁護する人もいなかったことから楢崎は抗弁することは諦め、真の理解者を探し求めていた。

宇野氏によると、楢崎は原子力を無力化する反電磁場の最終実験（反電磁場振動子の製作）のため、私財を処分して研究資金を調達したものの、部下の裏切りによって資金を持ち逃げされたことから、それ以降技術指導からは一切離れ、自身の研究発表も『相似象』誌のみに限定し、「カタカムナの直観物理の仕上げとその伝授に全勢力を集中することを決意していた」と言います。

ドロカエシの沼からヒントを得て原子転換や生命の自然発生まで視野に入れていた

楢崎の最晩年の一年間は、後継者へのバトンタッチを果したという安堵から、微弱電位測定器（正・反電気）の設計やミトロカエシの技術について原稿にまとめることを決意していたようです。

ミトロカエシとは、前述した原子（元素）転換のことで、生命の自然発生に関わる技術です。平氏から教えられた黒い珠が出現したドロカエシの沼からヒントを得た楢崎は、「三つの異相界面作用の働きが、物質系の原子転換と生命質系の生素子転換という反応に関わる」という直観物理に基づいて、泥の中から新たな物質や生命が発生するという天然の理を証明しようとしていたのです。

実際に、楢崎らは電子を使った土壌改良によって薬効のある植物の栽培に成功しており、このミトロカエシ技法は富山県下などで実用化され、楢崎らの研究資金源になっていたとの証言もあります。

また、楢崎と親交のあった生物学者で医学博士の千島喜久男氏も、フランスの理論物理学者で原子転換説を唱えたルイ・ケルヴラン博士の説を支持しており、そのルイ・ケルヴランが１９６３年５月に発表した著作（『自然の中の原子転換』）を日本語に翻訳して出版したのは、マクロビオティック創始者の桜沢如一氏です。

桜沢氏は、晩年、自身の「無双原理」（ＰＵ理論）を完成しようと原子転換に興味を持ち、ニガリ塩の考案者の佐々井譲氏を楢崎の勉強会に参加するように指示しており、佐々井氏は、楢崎が亡くなった後、宇野多美恵氏の勉強会に参加し、その学びの成果を正食協会や日本ＣＩ協会で伝えていたことから、桜沢氏の『無双原理・易』は楢崎の相似象学からかなりのヒントを得ていたと見られています。

原子（元素）転換と言うと、これまではオカルトやトンデモ科学として揶揄されてきました。しかし、すでに三菱重工業などは重水素を使って少ないエネルギーで元素の種類を変える元素変換の技術を確立しています。

これは加速器や原子炉などの大掛かりな装置がなくても、コンパクトかつ低エネルギー消費で元素変換が起こる技術で、その分野の第一人者である岩村康弘氏（三菱重工）によると、放射性元素を無害な元素に変換したり、安価な金属からレアメタル（希少金属）を生成するなど、元素変換研究はとてつもない可能性を秘めた最先端技術として世界的に注目されるようになっているのです（『元素変換現代版〈錬金術〉のフロンティア』参照）。

また、有機物から生命体を発生させる世界初の「生命誕生実験」を行い、その実験にみごと成功した物理学者の川田薫理学博士（川田研究所代表）によると、生命誕生の鍵は原始の海と同じ岩石ミネラル（鉱物の微粒子）が濃縮した水にあると言います。

一方、地球初の細胞を持つ生命体は原始時代の海ではなく、火山による蒸気で熱せられ、ぬるぬるした泥のたまった熱泥泉（ねつでいせん）で生まれた可能性が高いとの研究結果も発表されています（『National Geographic』2012.02.14 オンライン版より）。

熱泥泉は地中から蒸気が湧き上がり濃縮される場所で、カリウム（金属元素）をはじめとする多くの無機物が含まれている沼です。

いずれにしても、ミネラル成分のほとんどは金属元素なので電子が多く、電気を通しやすいことから、楢崎が微生物の発酵によってアミノ酸が生産され、且つミネラル分の多い泥から生命が発生すると考えたのも決して荒唐無稽な発想ではないことがわかります。

これは、昔から日本語で「虫が湧く」と言われてきたことと関連しており、そのような生命の自然発生について、宇野氏は楢崎から次のような体験エピソードを聞いています。

＜楢崎家での出来事＞

家の台所を改装した際、専門家に消毒をしてもらった後、家族が「これでもうゴキブリなんか絶対出ない」と言ったら、それを聞いた楢崎は「絶対なんて言わん方がよい。日本語には虫が湧くということがあるからな」と答えた。

家族が「またそんなバカなことを……」と一蹴したので、楢崎はそれならと、実験中のドロカエシの泥をひとつまみし、密かに台所に偲ばせておいた。

すると、ゴキブリやナメクジなどが自然発生したので、家族は大騒ぎし、楢崎はその陰で一人ほくそ笑んでいた。

そこで家人は、今度は床下の部材を取替え、消毒した上で床下一面にステンレスを張って、「これならもう絶対大丈夫」と安心していた。

ところが、またしても一週間で虫が涌いたので、さすがに理由がわからず家人は唸り出してしまった…。

宇野氏によると、このエピソードについて楢崎は「僕は日本語の『虫が湧く』ということに確信をもっているから、ちょっとイタズラしてやったんです」と言っていたそうですが、楢崎にとっては誰にも理解されないような話が通じるのが、唯一宇野氏だったからかもしれません。

今までサトリのこめられた上古代語である事を看破した学者があったであろうか！

しばらくの間、宇野氏と共に『相似象』誌の発行を続けていた楢崎は、やがて老人性結核を患い、家族以外の誰とも会うことなく入院生活を送ることを余儀なくされます。

宇野氏は楢崎の最期について、

「ただ独り、最期の病床にあった八ヶ月の間、楢崎皐月の関心はもっぱら日頃の彼のアマ始元量（潜象の存在）の仮説を、現代科学の将来の赴くべき方向を示唆するものとして、哲科学の体系にまとめることであった」

と述べています。

アマ始元量とは、現象界の背後にある潜象界の根源的なエネルギー（カ）であり、それを前提とした新たな統合科学こそが従来の唯物科学を超えて本来のあるべき天然文明のカタ（型）となる、楢崎の眼にはその青写真が見えていたのかもしれません。

しかし、その思いは叶わぬまま、楢崎皐月は１９７４（昭和49）年７月31日、病床で息を引き取ります。

病床にあった楢崎は、宇野氏との関係を述懐しながら「私の眼に狂いはなかった」という言葉を残してこの世を去ったそうです。

幼い頃、兄と共に雷の静電気に魅了され、以来、電気の不可思議な働きにとりつかれて飽くなき探究を続け、天然・自然の統一原理であるカタカムナ文献（ウタヒ）の解読から人類の向かうべき天然文明を指向した巨星は、かくてカムの世界へと還っていきました。

４年間に渡って直接指導を受け、カタカムナ継承者としての使命を託された宇野氏は、楢崎皐月の性格と生涯について次のように述べています(以下『相似象』誌より抜粋・要約)。

＜宇野氏が見た楢崎皐月の性格と生涯＞

複雑多岐な相（スガタ）を見せて居る万物万象から、共通する象（カタチ）を「抽象」して、「球（タマ）」であることを把握したカタカムナ人の直観の基本態度を知ったとき、私達は真に驚嘆した。しかしそれにもまして、現象と潜象の重合、則ち『反』の世界の問題に気がついたときそれは衝撃的な感激であった。上古代（カタカムナ）人が、目に見える現象の状態には、目に見えぬアマの潜象の潜態が秘められて居るということを、神秘観からでなく、直観として知（サト）り、その物理（コトワリ）を何とかして伝へようとして居るのだ！と、わかったときの感動は大きなものであった。

彼らのナゾの図象文字を、そのようなイミに読みとるまでの楢崎皐月の長年にわたる辛苦は真に筆舌につくせぬものであった。そして、今まで、私達も、カタカムナのウタヒのクセにもなれ、彼らの世界になじみ、彼らの感じた同じアマのココロを覚えるようになり、そして、楢崎が、そもそも石油、鉄の仕事中から大地電気（環境の電気現象）に着眼し、静電気、植物波、人体波、生命の発生、元素の転換、反電磁場等々と、つねにその関心は大地（アマ）を離れず、遂に多年最高レベルの研究家として非凡な業績をあげて来た、その仕事をも一切なげうって全才能をカタカムナの文化の翻訳の仕事に打ち込み、みづから「学者」になろうともせず、何らかの対価も求めず、ただならぬ情熱を以て、甘んじて、カゲの奉仕の生涯に徹しようとせずに居られなくなったその所以が、心から頷かれるまでになったのである。

彼は、科学者でありながら科学に偏らず、神秘的な現象を否定しないが神秘思想に流れず、大学教授や博士号等の肩書を持たなかった代りに、一生、最新の科学智識の吸収を怠らず、ひたすら実力を畜え、直観を鍛えて、おのずから科学や宗数の脱皮を指向して行った。古来直観の鋭い人々は、「潜象」の存在を認めていたし、現代科学者の中にも、「潜象」(反、又は負の世界)の考え方を導入している学者はある。しかし、いずれもまだ推論の段階であるが、楢崎皐月においては、それは既に「仮説」にとどまるものではなかった。彼は、「アマ始元量」の物理に基づく未曾有の技術を次々と開発し得ていたのである。

そして更に彼は、このアマ始元量の物理により、人類数千年の探求のマトであった、人間の心の悟りの根拠と、科学の真理との結合点を見出すことに成功したのであった二十代で特殊絶縁油(当時輸入に頼るしかない必需品であった)の開発と事業化に成功した彼の人生の滑り出しは目ざましいものであった。

更にその後、人造石油の技術を軍に認められ、(大東亜戦争の深刻化につれ、窮境に落ちた陸軍は民間の俊秀な技術に救援を求めざるを得なくなり、ある日、東北線平附近原町の彼の工場に、突然、東条英機自ら訪れての懇諂をうけた）又、ノモンハン事件等で苦境に立った軍の要請する特殊な鉄の技術開発の為、満州に徴用され、東洋一の製鉄所の所長としてその立任を果すなど、その前半生はまことに輝かしいものであった。

その彼の運命を大きく変えてしまったのは、普通の人なら見過してしまう「微妙な環境条件」の違いを、感じ分ける「カン」の良さがあったようで、例えば、満州時代「製鉄の覚みと、植物の生育との関連」に関心をもったという事も、同じ材料で同じ製法でつくる鉄の出来上りが、場所により違っている事に気付いたからである。

それ以来、彼は、恰も鋭敏な触覚やアンテナをふりたてて、そこに感応するものを正確にキャッチするような感度の良さで、意識、無意識的にその何かを追究しつづけた。したがって、電気物理を専攻しながら科学知識にこだわらず、神秘的な現象に出合っても、短絡的に既知の「神」や「心霊」等の神秘思想に結びつけず、あくまで冷静に事の真相を見抜こうとする気持が強かった。

そして、そのような彼の性向が、おのずから彼の関心を、一方では大地電気や静電気、重炭素、重畳波等の研究に向わせ、一方では、カタカムナの巻物に対する好奇心を刺戟して、その不思議な図象文字の解明を志す事になったわけであろう。
たまたま、彼が戦前の教育をうけた日本人の常識として、古事記に出てくる神々の名ぐらいは知っていても、それ以上に神道的な先入見も宗教的な神秘思想も無い、純然たる科学者であった事が、はからずも、彼自身、思いもよらなかった後半生をたどらせる事になってしまったのである。

彼の思考作用の中では、最新の科学知識が自由に上古代語の示す意味と響き合い、それらは抵触するどころか、極めて強い共振を起し、それが一方では、彼の科学の実験を成功させて、反電磁場の研究や植物波農法、静電処理器等の技術の開発となり、一方では、カタカムナ文献の解読という、全く意外な成果となって両立し得たのである。

今まで、誰が、ソコソギ　トコタチ　イマタチ　オモダル　アマノミナカヌシ　ウキフヌ　イザナギ　イザナミ等の神話の神名が、実は、膨脹収縮、互換重合、統計的存在性、質量、プラズマ、粒子性、波動性等々に当る意味（サトリ）のこめられた上古代語である事を看破した学者、宗教家があったであろうか！

それこそ、従来、科学の対象とされず、宗教者心霊研究家達が神秘思想的に扱うしかなかった「潜象」の問題に、楢崎皐月が、現代最高度の科学知識をマスターした直観を以て、上古代語を通して、真剣に取組むという条件が整ったおかげに他なるまい。

最高級の科学者であった楢崎皐月の遺志を尊重して各自の直観力を高めてほしい

宇野氏は、カタカムナのウタヒ（サトリ）ついての楢崎の解説文が、一般用語ではない言葉がたくさん出てきて読み難い点に関して、「彼自身も何とかしてもっと理解され易い科学用語に訳したいと苦慮したのであったが、概念そのものが現代科学には無いのであるから止むを得ず、上古代語の概念を導入して造語するしか無かったのである」と述べています。

また、「楢崎皐月の死によって彼の夢の道が断たれたことは、原子力さえもコントロールしかねている現人類にとって、彼の技術は時期尚早の故であったのかもしれない」ともふり返り、楢崎の進取の気性や発想力が時代に先んじていた点について次のように述べています。

有史以来、誰一人成し得なかった、日本上古代語の「カタカムナのサトリ」の解読という仕事を果した楢崎皐月は、まさに非凡の天才であった。その解読により、人々は、学問上にも、又、めいめいの人生の上にも、はかり知れぬ恩恵を受ける事が出来るようになった。

そして私共は、その恩恵をもたらしたヌシ（主）自身が、カタカムナのサトリを実践して、「長い豊かな天寿を全うした」という記録を何号か先の会誌に書き残したかった。しかるにカタカムナのサトリの解読者は、皮肉にも、最もカタカムナのサトリの恩恵を受ける事のない状態のもとに、天才者の例に洩れぬ不遇な最後を遂げねばならなかったのである。

読者は、カタカムナのサトリの解読者、楢崎皐月が、同時に、最高級の科学者でもあった事を想起し、その鋭い洞察力を無にさせぬよう、その厳然たる遺志を、あくまで尊重して、今後、いよいよ各自の直観力を高め、諸事を冷静に判断して頂きたく、再び、附言する次第である。

これは、楢崎皐月という人物が、たとえ孤高ではあっても、決して既成概念や専門分野の枠に捕らわれない真の科学者であったことを想起させる言葉であり、そして同時に、楢崎は真の教育者でもあったことを宇野氏ら直弟子が証言しています。

＜宇野氏の証言＞

真の教育は、智識を教え込むではなく、将来伸びる芽を育てる事であるという持論から、彼は、「学校のカリキュラムと違う」と反対する母親らを制し、小学校一、三年、中学一年の孫達に、彼らの発達段階に応じた教育法を実施していた。

三人の純真な少年だけには、祖父の心が通じたであろう。

小学生には小学生の理解に則し、中学生にも、又、大学生にも、対手に応じて、彼は、現代科学の常識をふまえて智識を整理してやり、疑間点を明確にし、「真理へ向って伸びる芽」を育成するスベを心得ていた。ということは、彼の智識が、極めて鮮明に整序して蓄積されていたからで、大学を出なかった彼は、実に生涯教育の典型を行った人であった。

その研鑽ぶりは、驚くべき博識にも伺われ、何を尋ねても窮することなく、即座に明快に答えてくれた上に、「機会教育」と称して、好機を逸さず、又は相手の質問（好奇心の発動）のチャンスに乗って、関連ある、そして知っておけば将来必ず役に立つ智識を注入してくれた。

又、「シャープ教育」と称して、我々が、試験勉強アタマで、ウロ覚えに棒暗記している断片的な智識を、必要なだけ、ハッキリと、集合論的（相似象的）にまとめて整理してくれた。『中学生時代にウロ覚えでなく、明確に基礎智識を叩き込めば一生忘れない』と言って孫達にもそれを実施していた。

＜直弟子・松原喜一氏の証言＞（以下「楢崎研究所」ＨＰより）

・先生は自分の素性は決して言わない人でしたが、僕は山口県の吉田松陰の松下村塾の教えを受けられた人なのかなと思ったくらいです。吉田松陰そのものでしたよ。
・人に説明する、教えるといった時の先生はいつも明るい笑顔で、相手に緊張感や学識的圧力を与えず、張りと響きのある活気に満ちた声量で、又、説得されるときの迫力は先生独自の指導実践方法でした。
・私達にいただいた先生の大切な言葉があります。「われわれはこの世に生まれてきて、生きる為に与えられた任務を全うできるかどうか。」ということです。その為には
①人間がおぎゃーと生まれて死ぬまで健康でなければだめだ。
②声（正しい言葉）と心（清い心）を持ちなさい。
③家庭でのそれぞれの任務を全うしなさい。
・守る任務…女性の仕事と思って
・攻める任務…男性の仕事として「稼ぎなさい」
④金の使い方を学べ（金は身の回りについて必ず回る）。
・収入
・支出　４分割り方式
⑤感謝の心を忘れぬ人に成長しなさい。これが出来ない人は落伍者だ。

アワ型人間のアワ性が発揮されれば前駆の力となって縺れた糸もほぐれていく

宇野氏は、天才とは天与の才、

すなわち、「アマ（天の理）を感受する才＝感受性」であって、その意味であらゆる生物もまた凡人もすべて天才だと述べた上で、さらに

「天才とは、自分で（他人から教えられなくとも）自己励起して潜象の存在とその方向性（物理）を知（サト）る者である」

としています。

そして、カタカムナの潜象物理を悟るということは、

「頭（アタマ）で教えられた知識（智識）ではなく、体験として（波動量として）獲得すること」だとも強調しています。

これは楢崎亡き後、たった一人でカタカムナのサトリをマ違いなく後世に伝えていくために、自分自身とそして相似象を学ぶ者に向けて、「くれぐれもココロに深く刻んでおくように」という、ある種の戒めのようなものだったのかもしれません。

前述したように、カタカムナでは、前駆流としての大地の磁気（カムミ）が環境中の電気（イカツミ）と重合（カラミ）しあって大地電気や生命が発生すると捉えますが、この磁気（正孔）と電気（電子）のことを「アワ」と「サヌキ」とも言います。

わかりやすく言えば、
アワは、生命力を育む根源的な母性・女性性（潜象）のエネルギー（カム）、
サヌキは、直線的に広がる男性性（現象化・拡張化）のエネルギーで、
この2つがバランスよくカラミあうことで生命力が高まり、負のエントロピー、つまり美しさや秩序が保たれます。
もちろん、どちらが良い悪いではなく、男女共アワとサヌキの両性を持っているわけですが、宇野氏は『＜サヌキ・アワ＞（性）の悟りについて』（相似象第10号別冊）の中で、現代人はアワ量が少なく、サヌキ型に偏っていることを鋭く指摘し、次のように述べています。

・天才とは、自分のアワ性を、自力で啓発し得る人々である。
・アワ型人間が、真に鍛錬されることによって潜象のアワ性が発揮されれば、それが前駆の力となり、

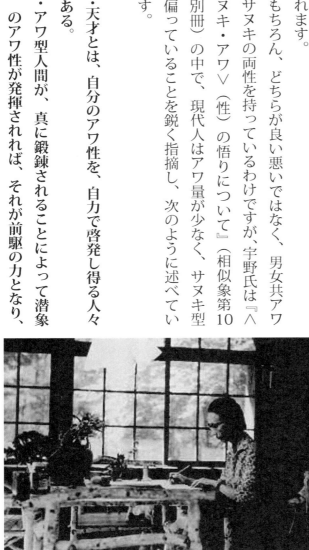

他の問題は縺れた糸をほぐすように徐々に解決されていく。

・サヌキ型社会の、核戦争のような危険な進路を修正する道は、真に潜在アワ量の多いアワ型人間の自覚と発憤に待つしかない。

サヌキ型社会の弊害については、すでに社会問題としてさまざまな形で噴出しており、第三次世界大戦の危機すら現実味を帯びてきていますが、宇野氏は、サヌキ型社会の弊害をなくすには、上古代人のように各自がアワ量を増やすことと同時に、アワ型人間同士の共振共鳴（ヒビキ）が大事だとも述べています。

これは、自分自身の内側に聖なる母性を見出すことで、楢崎や宇野氏などカタカムナの先達のように、各々が置かれた場で「無我協同体」として生きられるかどうかにかかっている、と言えるのかもしれません。

楢崎亡き後、宇野多美恵氏は、渋谷区神泉の自宅に籠って『相似象』の執筆をひたすら続けながら、小人数を対象としたカタカムナの勉強会を続けました。

そして、２００６（平成18）年10月22日、北軽井沢の別荘でご子息の宇野彰洋（63）と二人でいたところ不遇にも火事に遇い、親子共に亡くなります。

享年89（歳）でした。

第5章　現代物理学とカタカムナ物理の決定的な違い

相似象学を学ぶ目的は数学や哲学の基本である「抽象化」能力を鍛えること

この最終章では、楢崎が提唱したカタカムナの直観物理（相似象学）と現代物理学（現代科学）の違いについて少し踏み込んで確認しておきたいと思います。

楢崎は、相似象を学ぶ目的について次のように述べています。

相似象を学ぶ目的は、未知の事柄に対し、既知の事柄に存在する相似の形式の概念を当てはめて、変換的に推定する能力を高めることにある。言い換えれば、形態的タイプの相似象を媒介として（形態の似たタイプを手掛かりとして、例えば姿が似ているとか、音響が似ているとか）未知の事柄にその相似の形式を当てはめ、選別や類推を容易にし、それが対応する行為を判断する。すなわち、「カン」を養成する方法を学ぶことである。

この相似象識別能力は、人間以外の生物も、本能的にもっている生物保持に不可欠（食料を見分け、安全な住居を見つけるなどの本能的な「カン」）の能力に基づくものであるが、人間は大脳機能の進化と共に、極度の発達を示し、例えば、人間の子なら、生後１年前後

で大抵「指差し」を始める。

この何でもないように見える行為が、実は人間特有の高度の抽象能力の賜物であって、人間以外の生物は、どんな賢い犬や猿でも、我々が指さしすれば、我々の指そのものを眺めるばかりで、指の「指し示す先を見る能力」は無い。人類と他の生物との違いは、この相似象識別の抽象能力の差にあるとも言えるであろう。

つまり、まだよくわからないモノやコトであっても、人間にはモノゴトを抽象的に捉える能力＝本能的な感受性が備わっていて、それが「直観」と呼ばれるものだということです。

抽象とは、似ているモノや現象の中に見られる共通する類型（図像）を一般的な概念として捉え理解することです。

従って、メカニズムが不明な未知の現象に対しても、形がよく似ているモノ（現象物）をよくよく観察することによってそのモノの本質的なパターン（共通要素や型）が直観的に理解でき、その抽象化の能力こそ客観背後にある天然の理に対する感受性であり、人間の特性だということです。

これは、まず右脳で全体のパターンを捉えて、その型や図像を左脳で概念化・言語化する作業とも言えるでしょう。

この抽象化は物事の本質を捉えるための思考法であって、数学や哲学の基本です。つまり、

抽象化思考を深めることができれば、重要な情報だけをピックアップできるため、直観的な閃きが起きて素早く本質を見抜くことができ、未知の現象であってもその謎を解明したり、新たな発見や発明ができるようになるのです。

これが楢崎の言う「変換的に推定する能力を高める」ことであり、相似象を学ぶ目的です。

一方、現代科学は、自然事象が起きるメカニズムについて、実証性（観察や実験で調べることができる）、再現性（何度観察や実験しても同じである）、客観性（誰もが認めることができる）の観点から定量化・数値化できるものを対象としています。

したがって、既知の世界だけを扱い、未知の世界については科学の対象外となります。

つまり、未知の世界は、形而上学、宗教やオカルトの分野として見なしてしまうため、そこには既成概念に捕らわれない新たな発見や発明は起きにくいということです。

こうした点を踏まえて、カタカムナ物理と現代物理学の最も大きな違いは何かと言うと、本質を捉える直観力や潜象の存在を認めるか、否か、という点につきます。

この点について、宇野氏は「要するに私共は、現代科学よりも高次の物理、則ち、潜象の存在を認めた科学者、楢崎皐月の高度の直観を信ずる故である」と述べています。

人類は全知全能でなく、天然の姿の中に回答があるとサトシている

また楢崎は、現代の物理学とカタカムナ物理の違いについて次のように述べています。

【現代科学の物理】
人類の闘争や破壊の歴史と共に発達し、現在行き詰って戦い続ける以外にない世相を破壊よりも建設へ分解より統合へと方向転換せざるを得ない状況に陥っているが、まだその究極のビジョンが具体的に見えていないのが現代社会の科学。

【カタカムナ物理】
カタカムナ物理は１２，０００年以上前の上古代人が書き残したものである。宇宙的、全人類的なサトリがまず初めにあり、その中に銀河・恒星・星々・地球・大地・海洋・生物・バクテリアから哺乳類に至るまでの理（コトワリ）がもともとあり、全てのものは天然自然のコトワリの中で、相似の秩序で動いていることを示し、その中で自らが（人類が）どのような調和で生きていくことが正しいかを人間に伝えるために残されたウタヒの文献であり、人類が全知全能でないことをサトシ、無知な事への回答は天然の姿の中に回答があるとサトシている理論に立脚した科学書。

【現代科学の物理法則】

物質を対象として現象を説明した理論

現代科学は無生物世界の現象を説明するにはかなりの発展を遂げたが、その物理法則で生命世界の現象をも説明していて、様々な場所で理論が合わなくなり、万象を説明しきれていない。現象は非可逆性である。全宇宙の始元は時間量と空間量の二元である。

２元ともに広がる性質の物理量で基本次元をエネルギーと物質と認識。

①エネルギーの恒常性

②エントロピー増大の原理による死滅

③時空間の中に一切の始元があるという考え方

【カタカムナ直観物理法則】

自然サの物理

生命世界の現象を含めた全宇宙の現象や事象にいくつかの相似た型（相似象）のあることを洞察し、これによって万象を統一的に把握したもの。

①現象（アマ）と潜象（カム）の無限循環の可逆性（潜象の認識）のサトリ

②トキ・トコロのマリ（アマ始元量）があり、時空量よりももっとモトに全宇宙の諸

現象のモトがあり、このアマ始元量の変遷したものが万物をつくるというサトリ

③まず、自己の存在から理が発生するのではなく、天然摂理の中に調和して自由があるというサトリ

アマ始元量の変遷したものが万物万象をつくり出している

この「アマ始元量の変遷したものが万物をつくる」というのがカタカムナのサトリです。

まず、カタカムナ語では、相似の形を「ヒトツカタ・カガミハラ」、その原形を「モトガタ」と言い、このような複合する潜象の存在を直観したことが、カタカムナのサトリの根底にあります。

そして、基本となるカタカムナ単語として、

「互換（カハリ）・重合（サカナリ・重畳性（トコタチ）」がありますが、これは、トキ・トコロは一体化した正反の働きであるという考え（基本原理）で、トキ・トコロは次のように捉えます。

トキは、時間量（不可逆の時間性・統計的存在性）。

トコロは、空間量（不可逆の恒常性・空間を占める存在）。

トキ・トコロの正反が互換重合（トコタチ）して
現象界に発生する根源の状態を「マ」と考えていた。
重畳性・互換重合（トコタチ）とは
時空量の本質は「マリ」（マの微球）であり、
始元の状態に於いて、時空は重合した「マ」になっており、
潜象に於いてマが互換されて、時間量（トキ）は空間量（トコロ）に、
空間量（トコロ）は時間量（トキ）に変化する性質がある。
天然自然の真相は、このようにトキ・トコロの運動系の重合状態であると把握できる。
このトキ・トコロが重合したもの（マリ）が「アマ始元量」です。
つまり、カタカムナ物理とは
アマ始元量の変遷によって統一された学（相似象学）であって、
それは、全てのものには可逆性（正反の対向原理）があり、
あらゆるスケールにおいて正反一対（対立・対抗ではない）のマリが互換重合していて、
アマの渦巻流（アマウヅメ）からは個々の微粒子（イツツミ）が生産され（ウマシ）、
それらは、正反配偶（オメタグヒ）の電気素量（イカツミ）・磁気素量（マクミ）・力の

素量（カラミ）の３つの素量から成る核や電子・正孔（サヌキ・アワのマリ）などであり、全宇宙の諸現象はこのアマの螺旋的な可逆性（マワリテメグル）の繰り返しである、という統一原理です。

なので、この原理に基づけば、人間同士のあらゆる対立闘争を抑止し、あらゆる障害を乗り越えて地球全体の平和にも寄与することができるのです。

現代物理学（科学）ではこのトキ・トコロの互換重合（アマ始元量の変遷）という考え方がないために、物質（物性）やエネルギーの一面しか捉えられておらず、従って、「エネルギーの総量は一定」であり、また「生命は無からは生まれない」としているのです。

また、熱力学では「エントロピーの増大の法則」で理論づけられているので、マイナス（負）エントロピーという概念もなく、すべてのものが一方的に崩壊してゆくしかありません。

一方、カタカムナ物理では、エントロピーにもプラスとマイナスがあり、「正と反の方向性が常に個体に於いて互換重合している」というサトリがあります。

その最も象徴的な例が、男女の性の交換（アワ・サヌキのオメタグヒ）です。つまり、サヌキ（男性性）がアワ（女性性）の電気を受けて生理活性し、その結果生命力が活性化してマイナスエントロピーの増大をはかることで、これはアマウツシとも言います。

例えば、意気消沈していた人が恋人の声を聴いたとたんにイキイキするとか、瀕死の重病人がアマウツシを受けて全く別人のような健康体になり、寿命が延びた等々、アワ量が多いほどアマウツシ（若返り）の効果も高まります。

時空間とはアマ始元量の小さな粒子の変遷を現象的に捉えたスガタである

さらに、カタカムナ物理は、エネルギーと物質の互換性だけでなく、物質と生命質の互換性、つまり「無生物からも生物転換し得る」という原理も導かれます。

これは、潜象の核であるアマナが現象の中にも入り込んでいるからで、物質系アマナも生命系アマナも同じ時空が重合した「マ」の潜態であるがゆえに互換重合し得るというのが、カタカムナ人のサトリなのです。

以上の点を要約すると、カタカムナ人が捉えていた直観物理は次のようになります。

◎時空の本質は現象ではなく潜象であり、別質のものではなく、同質のものであり、時間空間と感じているものは、アマ始元量の小さな粒子（トキ・トコロのマリ）の変遷を現象的に捉えたスガタ（相）である。

◎時間・空間量とは、潜象の（マリ）であり、アマの微分された粒子である。現代語に言い換えると、イマ（今）であり、イマが科学で捉えられないように、時空の本質（トキ・トコロのマリ）は潜象であって、客観的には捉えることができない。

その結果、カタカムナ人は、全ての現象を無限的循環系、連続的可逆性と考えていた。

◎時空は物にも変化し、モノが時空に変化する。マリ変遷の統一場の本質を示唆している。

マの本性は潜象ながら球状で回転運動を続けるものでタマ（球）といえば巨視的表現であり、マリ（微球）といえば微視的表現である。

マリという上古代語はマワリ（回転）の思念も持っている。言い換えると、マは循環的回転性から絶えず変遷する本来性があり、生滅を繰り返す統一的潜在性である。

それをイマ（今）のメグリタチとか、イマタチという言葉で表現している。統一的存在とは、全てのものは生滅を続け、決して同一のものがそのまま持続していることはないと断言している。そしてその性質は、アマと同様の本来性の性質である。

◎「マ」は統一「場」の物理のことを指し、共通の象をサトっていた。

マの循環性　　ソコタチ　　膨張現象
マの旋転性　　ソギタチ　　収縮現象
時空互換性　　トコタチ
上記性質が統計的に表れる事　イマタチ

「マ」の膨張・収縮による正反の単位の数の結び方が力（チカラ）となり、エネルギー・質量・光・電気・磁気等に変化する。生命質は物質と時空との結合の仕方により、種類の異なる生命質が発生する。

◎すべての物質は潜在マリ（アマの微分量）が変遷したものであり、マが現象物質に移り変わる数を増やすことにより（アマナの量によって）この質量は形成される。

物質という現象に移り変わる「マリ数の密度」と「構造の仕方」に基づく物質は、潜象のマリ質であり、「マ」の本性を受け継いで変遷する。

◎カタカムナ人は質量のことを「オモダル」と呼び、アマナの量が濃密であれば質量は大になる。この考え方を基礎におけば、宇宙のどの天体にも当てはまる質量の定義となる。

日本語は高度なカタカムナのサトリに基づいてつくられていた

こうしたカタカムナ物理の特徴について、宇野氏は次のような解説をしています。

彼らは全ての現象の始元（ハジマリ）を間（マ）と呼んでいるが、同時に「マ」は現象の奥に潜在する実相（真実のスガタ）を意味する言葉として統一している。すなわち、カ

タカムナの上古代人は、「アマ始元量」の「マ」（間）は万物に変化する性質であることが「マ」であり、「マ」（間）と「マ」（真）を理由なく統一したのではない。

万象は、無常的な絶えざる変遷の姿であることを深く悟ったからである。真実の相のことを日本語では「マコト」という。「マコト」という言葉を図象文字に当てて、その物理的意味から判断すれば、「時空の互換重合の無限的循環」という思念を表している。

トキ・トコロの重合性と互換性が「マ」を根源とする一切の現象に受け継がれており、「マ」と一切の相似する原象（モトガタ）であることをサトッタのである。しかも、彼らのそのような「マ」と物事の存在現象は、絶えず交流していることを洞察し、その交流は、短期と長期の循環系の中に広域的共益関連として、極めて自由に変化しながらどこまでも「マ」の本性を受け継いだ相似の相（スガタ）をしていることを観じ、それにその主役は「アマナ」、すなわち、環境の「カムナ」に対応する現象側の中心核「ミナカヌシ」と感じている。生物体覚によって感受された潜象の存在を、人類の最高度の直観性能によって洞察したもの。徹底した統一原理を示していたのである。

始元量の「アマ」から変化した現象に潜在している目に見える「ミ」には（アマノウツシミ）素量（イ）の個々（ツ）の雄雌配偶（オメ）となるモノがウツシ伝えられて居る。

それは、電気素量の配偶「イカツミの正反」則ち、「サヌキ・アワ」の雌雄、磁気素量の配偶「マクミの正反」力素量の配偶「カラミの正反」で成り立つ、潜象の「マリ」である。そしてそれらの三種のマリ「ミツゴ」が一組になって「マトマリ」、モロコ（モロモロの粒子）の内部に、タテ・ヨコ・ナナメの六方八軸の立体的配列の構成を持って、旋転しつつ回転している。

これを生命質のモロコ（イキモロコ）と言うのである。彼らは生命の単位は「モコロ」と呼ぶ。潜象のマリ（粒子）であると直観した。そのマリは、実質としてミツゴ（三つの素量）であり、「イノチ」の「イ」でもある。言い換えれば それはハジマリの素量である、と直観したのである。

日本語を作り出した起源が、このような高度のサトリに基づくものであったからこそ、日本語には単なる「語呂合わせ」や「言葉のアヤ」というには、あまりにも一貫した筋の通るものがあり得るのである。また それがあったからこそ、後代様々な外来語が入ってきても、やがて同化されて、日本語を豊かにするだけの底力が保たれたのである。

「イノチ」（生命現象）とはイカツミ・マクミ・カラミの三種素量の構造によって成り立

つことを、彼らはサトッタのである。生命は社会構造性のものであり、従って、構造をバラバラにしてしまえば、生命は消失する。生命の単位は「モコロ」と呼ぶ。潜象であり、生命という物質が客観的に存在するのではないという直観である。

アマのイノチが配分されたマゴコロが規範となって「真の心」の意味となった

宇野氏によると、例えば日本語の「アマ」という同じ言葉でも「アマダレ」「アメツブ」（雨粒）のように個別性を表す場合と、「アマタ」（数多）や「アマネ」（普ね）のように統合性を表す場合があるように、一つの言葉が持つ二重性こそカタカムナが原型になっている証であるとし、「日本語は曖昧さが多いのではなく、自然サが多いのである。日本語のナリタチは天然自然の成り立ちの相似象として発生したものであった」とも述べています。

そして、「マゴコロ」（真心）という言葉を例に挙げ、カタカムナ人は「マゴコロのサトリ」について次のような直観（感受性）を得ていたと解説しています（以下、要点のみ記します）。

◎カタカムナ人は、全てアマ（マ・潜象）を基本としていたことから、マゴコロといえば「マ（アマ）のココロ」を意味していた。

◎ココロとは小さいコロ（粒子）であり、従って、マココロとはアマから分けられた小さな粒子、すなわち、「アマ始元量の変遷したマリ」の意味と、アマの心から配分される「個々の心」の意味とが重なっている。

◎様々な精神現象を起こしているのは、私たち一人一人のココロ（心）に、アマのココロ（マ）が刻々に重ね合わされているからである。そのアマの心が全ての軌範、すなわちカガミであり、マゴコロのサトリである。

◎個々人のココロ（心）がそれに重なるアマのココロ（心）と互いに通う仕組みは、アマナとカムナと共役して造り出す〈アマハヤミ〉による。

◎アマハヤミとは、アマの機能（心）を分化して届ける粒子で、光よりも速く伝わる。アマウツシはアマのイノチが潜象のまま相手に受け渡されるのに対して、アマハヤミは潜象から現象系へ出た最初の粒子マリであって、アマの速さ（アマハヤ）に準じて光よりも速く、アマの心（機能配分）を瞬時に届けることができる（とカタカムナ人は直観した）。

◎アマハヤミはアマのウヅメ（螺旋流）から飛び出して、強いエネルギーを以って、電磁波などの諸粒子を発生する。

従って、アマハヤミはアマのエネルギーを搬送する「アマ始元量の変遷したマリ」の意味と、アマの心から配分される「個々の心」であって、誰でもアマの心＝マココロを潜在的に有している。
◎カタカムナ人は、このアマハヤミによるココロワケの変化を直観していたと考えられる。つまり日本語で「カン」と言っている心のハタラキの正体は、アマの心から配分されたマココロ（真心）であり、「カン」が「カム」の活用型であるということはマチガヒない。

つまり、こういうことです。


カタカムナ人の直観によると、私たちがアマから刻々に受けているものには、「アマのチカラ」（アマウツシ）によって、生命力の活性化が促されている面と、「アマハヤミ」によってアマの心（機能配分）を受けることによって、私たちの心が真っすぐになったり、歪んだり、逆らったり、狂ったり、変化したり（進化や退化）しながら働いている、という2つの面がある。

マココロ（真心）という日本語の本義は「マのココロ」であり、アマのイノチの機能を配分するアマの小さな粒子の意味であり、それが全ての規範（カガミ）となることから、

「真の心」「本当の心」「正しい（真っ当な）心」「誠実」などの意味が生まれたと考えら

れる。

これこそ、カタカムナの上古代人の「心」をありのままに伝えるヒビキ（音霊）である。

宇野氏は、このような直観に基づく日本語の成り立ちついて次のように述べています。

日本語の古い和語の意味には、そのモノ自体の名称と同時に、そのモノの成り立ちや、発生源までも意味する思念が含まれている。そして、それは日本語を構成する四十八の一音一音が天然宇宙の成り立ちのヒビキを、基底の思念として意味しているからである。

このようなナリタチの上古代語を起源とする、日本語を正当に使いこなすには、よほどの直観鍛錬が必要なはずであり、また、逆にこのような言葉を日常ココロして使っていれば、おのずから直観が鍛えられると言えるだろう。

現代物理学にはそもそもなぜ物質（素粒子）が発生するかという理論はない

宇野氏は『相似象』誌の中で、現代科学・物理とカタカムナ物理の違いについてさまざまな角度から論述していますが、最も大きな違いは何かと言えば、現代物理学は自然現象に限ってみてもいまだに統一的な原理が見出せていないことです。

今の物理学では、日常的な古典物理の世界、ミクロな量子物理（素粒子）の世界、マクロな宇宙物理の世界がそれぞれ個別の理論によって記述されていて、統一的な物理理論は構築されていません。

とりわけ、近年は超ひも理論など量子論と宇宙論を融合させる「大統一理論」の試みが検討されているわけですが、これは天文学の発展によって宇宙が膨張していることがわかり、この事実は時間を遡れば宇宙はやがて小さな点になることを意味していて、そこで最先端の量子論で見れば宇宙はどのように捉えられるのかが物理者たちの関心事になっているのです。

ひも(弦)理論とは、「物質の最小単位は粒子ではなく、ひも(弦)である」という前提に立った理論です。

一方、これまで見てきたように、カタカムナの直観物理はミクロからマクロに至るあらゆるスケールにおいて「アマ始元量の変遷によって万物万象が生じる(マリ変遷の統一場)」という統一理論であり、これは現代物理学の粒子やひもの背後にある世界までも想定していて、それゆえ心の働きなどの形而上学も含んでいます。

ようするに、現代物理学ではあくまで物質の最小単位を「粒（点）」と見るか「ひも」と見るかの話であって、そもそもなぜ物質（素粒子）が発生するかという理論ではなく、カタカムナ物理のように自然界の背後に存在すると思われる未分離（非局在）の天然界や潜象といった世界は想定されていないのです。

したがって、究極の可視の要素に還元していくしかなく、結果的に不可視な領域を含む全体を包括的に捉える概念や理論を構築しずらいわけです。

しかし、柔軟な科学者たちも少なからずいて、とりわけ１９７０〜８０年代の「ニューエイジサイエンス」（ニューサイエンス）と呼ばれた分野には、従来の要素還元的な唯物科学の問題点を克服しようという動きもありました。

その代表的な人物としては、物理学者のフリッチョフ・カプラ、哲学者のケン・ウィルバー、神経科学の権威プリグラム、理論物理学者のデヴット・ボームなどです。

カプラは、１９７５年に世界的ベストセラーとなった『THE TAO OF PHYSICS』（『タオ自然学』）を著し、現代物理学の最先端の理論と東洋思想との間に見られる類似性（アナロジー）に注目して、「物質的世界は構成要素に還元できない」とする全体包括的（ホリスティック）な世界観を提示しました。

ウィルバーは、ユングの深層心理学の流れを汲んでおり、個を超えたトランスパーソナル心理学を提唱し、ホログラフィの原理を用いて宇宙の究極の実在とされる分離不可能な「心」について論じました。

ホログラフィとは、光の回折と干渉を利用して3次元立体画像を2次元のフィルムに記録・再生する技術です。

そして、このホログラフィック・パラダイムを大脳生理学に応用したのがプリブラムで、プリブラムは記憶の非局所性を突き止め、脳ホログラム説を唱えました。

また、ボームは、１９８０年に著した『WHOLENESS AND THE IMPLICATE ORDER』（『全体性と内蔵秩序』）の中で、感覚や思考によって捉え得る世界を「明在系」とし、その奥には一切の分離も境界もない全体（内蔵された秩序）としての「暗在系」が存在し、それこそが意識と物質の源流であると論じました。

理論物理学者が「湯川秀樹博士による素領域理論と完全に一致している」と証言！

このような、「部分に全体の情報が包み込まれている」と捉えるホログラフィックなパラダイムや原理は、従来の要素還元主義や物心二元論的な唯物科学を超える新しい世界観として広がりを見せました。

ホログラムを宇宙全体に拡大したのは、ノーベル物理学賞を受賞したゲラルド・トフーフトです。ホログラフィック原理によると、宇宙全体の情報が一枚のホログラムとしてブラックホールの外側を取りまく球面状に記録されており、そこには全宇宙空間の過去から未来までの全ての情報が記録されていると解釈されます。

また、量子物理学も、「宇宙において万物は相互に結びついている」という世界観に立っており、20世紀物理学の巨人で量子力学の基礎方程式を示したシュレディンガーは、晩年は無秩序からの秩序形成を負のエントロピーと呼び、「生物は負のエントロピーを食べている」と述べて、量子レベルから生命活動を解明しようとしました。

さらに、その量子力学の扉を開いたシュレディンガー方程式を導く新たな方程式（ヤスエ方程式）を閃いた日本の理論物理学者がいます。

それは元ノートルダム清心女子大学の保江邦夫氏です。保江先生は、楢崎の書いたカタカムナ・相似象の解説文を読んで、「カタカムナ文献に解説されている自然法則の基本にある構図が、若き日の僕が全身全霊を傾けて研究をしていた、日本人初のノーベル賞を受賞された湯川秀樹博士による素領域理論と、完全に一致していた」と述べています。

保江先生によると、素領域理論は形而上学にまで応用できる統一的な宇宙の物理原理であり、わかりやすく簡単に説明すると次のような理論です（詳しくは海鳴社『神の物理学』を参照）。

宇宙（万物万象）が発生する前には、全体としての基準振動である「完全調和の世界」だけがある。その完全調和が自発的対称性の破れの原理に従って崩れたことによって、部分として生まれたのが最小単位の空間という意味の「素領域」。

つまり、素領域とは空間の最小単位であり、例えれば、コップに注がれたビールの「泡」のようなもの。これは素粒子ができる前の話で、物質ではない泡空間と、その背後にはビールの液体部分である完全調和の世界が広がっている。

その完全調和から、１次元の泡、２次元の泡、３次元の泡、４次元の泡…といった具合にいろんな泡が生まれ、その中で一番多いのが３次元の泡で、この３次元の泡の中（内側）が物質や生命が存在している私たちの世界。

泡自体はエネルギーを持っていて、柔軟に形を変えながらエネルギーを隣の泡に移すことができることから、泡と泡の間では相互作用が起きる。この時、エネルギーが泡から泡に飛び移ったものを「素粒子」と呼ぶ（飛び飛びの波としてのエネルギー）。

完全調和の部分（泡の外側）は物質ではないものの、物質に例えて言うと、無限に硬い性質を持つと共に同時に極めて希薄なもので、光や電磁波などの振動を瞬時に伝える。

完全調和にも全体を貫いている基準振動があり、無限に硬い性質のためにあらゆる振動が伝わる速さは無限大。つまり、泡の外側の部分は、その中にある泡が少しでも振動したら瞬時に同期してどこまでも無限に速い速度で伝わっていく（したがって時間は無い）。

これまでの物理学を超える超物理理論を同時代に確立していた二人の天才科学者

つまり、この素領域理論の「完全調和の世界」がカタカムナ物理で言う「潜象・天然のカムの世界」であり、その完全調和の世界（＝潜象界）が自発的対称性の破れによって生まれた泡が3次元（＝自然界）、しがたって、自然界（カタ）は潜象界（カム）の秩序の中に内包（ナ）されていることになり、物理法則として見ればカタカムナ物理は素領域論とみごとに一致しているのです。

保江先生は、もしかすると楢崎と湯川博士は何らかの接点があったのではないか⁉と、こう述べています。

「楢崎皐月という人物は本当に前後の混乱期に生きた物理学者であり、しかも湯川秀樹博士が１９６０年代になって初めて公表した空間と時間の超微細構造についての革新的な物理学理論である素領域理論の骨子を、既に１９４０年代にこの前書きに記すことができたからには、ひょっとすると湯川先生が不遇の阪大無給助手を過ごされていたときに、親交があったために素領域理論の原形を論じ合う仲だったのかもしれないとさえ思えた」と。

その真相は今となってはわかりませんが、保江先生が言われるように、カタカムナの直観物理が素領域理論に比類するものであるならば、もしかすると、両者は物質偏重の唯物科学の限界を超えて新たな天然文明の原理的な基盤を築くために、完全調和のカムナが渦の如く正反一対となって現象界で同時期に対向発生していたのかもしれません。

いずれにしても、奇しくも二人の天才科学者が、同時代にこれまでの物理学を超える革新的な超物理理論を確立していたのは確かで、これこそ日本人の魂の遺伝子に刻まれた無我なるがゆえに発動するカタカムナのヒビキ（感受性）なのではないでしょうか。

■著者プロフィール
天野成美
１９４７年、大阪商人の家に生まれる。大学を卒業後、全国百貨店卸売販売業を始める。５歳の長男が先天性聴力不全と診断され、難病治療師と出会う。10回の通院で完治。以後20年間、治療師の奇跡の治療を間近に見るチャンスを得、カタカムナの本を手渡されて、自分の膿んだ歯茎が瞬間治癒する経験を持った。これがカタカムナとの最初の出合いとなった。その後、宇野多美恵女史と面会、10数回にわたって個人指導を受ける。
著書『完訳　カタカムナ』『カタカムナが解き明かす宇宙の秘密』『カタカムナ文明　入門編』『カタカムナが解き明かす雌雄の秘密』『カムミ：子供のためのカタカムナ』
https://www.youtube.com/channel/UCMJoMuZV4K3NP2YIgSiTvcg

■編集協力◎小笠原英晃（フリーライター）

■参考文献＆サイト
『相似象』創刊号〜第16号及び『感受性〈アワ・サヌキ〉（性）のサトリについて』
『完訳　カタカムナ』（明窓出版）
『静電三法』（シーエムシー技術開発）他
楢崎研究所
http://www.narasaki-inst.com

第２部　檜崎皐月の科学者魂

板野肯三

はじめに

実は、私がカタカムナというものに出会ったのはつい最近のことである。楢崎皐月という人のことは、静電三法という本の著者として知っていたが、楢崎という人がどういう人なのかは全く知らなかった。それが、私の本の読者でユーチューブを見てくれている岩崎弘治さんという方から、突然連絡があって、天野成美さんという方を紹介したいと言われて、お会いすることになった。岩崎さんとも初対面で、もちろん天野さんがどういう方か、この時は知らなかった。私は、最近は個人でスピリチュアルな本を書いたり、ユーチューブでの発信をしているので、時々、読者の方から直接コンタクトがあり、つながりができることがある。

そもそも、私がどういう人間かということを、最初に言っておかないといけないかもしれないが、生まれは岡山県の吉備郡真備町というところで、生まれてからしばらくして倉敷市の玉島というところに移り、そこで育った。大学は東京大学で最初は物理学を学んだが、コンピュータの道に転身し学位をとった。大学院が終わった後は、筑波大学に就職し、研究の道に入った。専門はコンピュータ・システムで、多くの学生を育てた。教授になった後は、学科主任のようなポストとか、研究科長のような役職も勤め、定年まで筑波大学にいた。若いころに、２年くらいアメリカに留学していたこともあり、その時はワシントンＤＣの近くのメリーランド大学にいた。ここまで書くと、どう見ても、まともなバリバリの研究者でオーソドックスな学者の世界にいる人のように見えるだろう。

だが、私には二面性がある。大学では精力的に研究をし、論文を書き、大学院の学生を育て、その上で管理職の仕事までこなしながら、一方で、スピリチュアルなことにも関心を持っていた、ものすごく幅が広かったということであり、バランスがとれていた人間ということである。そしてある時に稲を育ててみたくなって、自分の部屋の中に栽培装置を自作して、数年間稲を育てたことがあった。この稲は1粒の種から茎が５００本以上出るという巨大な稲に成長してくれて、この稲と話ができたらなあと思ったのだが、その時は、その夢はかなわなかった。その後いろいろなことがあり、いろいろな人にお会いする機会があった。そして晩年になって、ここでは名前は控えるが、私はＡさんという霊能者の方に巡り合うことになる。

このＡさんが、私のスピリチュアルな世界での先生のような存在で、この時に私は覚醒したといってもいいだろう。Ａさんはチャネラーでもありアカシックリーダーでもあって、多くの存在のメッセージを中継してくれたが、この時期に私は植物と話ができるようになった。Aさんは、私が初めて出会ってから7年後に亡くなったが、亡くなった朝、私のところに挨拶に来られた。もちろん霊としてである。そして私は彼女をお送りした。それから3年ほどが経って、再びAさんが私のところにやってきて、「早く本を書きなさい。間に合わなくなるわよ。」と言われたのである。もちろん、肉体としてやってこられたわけではない。それからしばらくして私は本を書き始めた。そして、その本がちょうど100冊を超える頃に、いろいろな方との出会いが起こるようになった。その一人が、カタカムナの天野さんであったということである。

天野さんが東京に来てくださるというので、私の自宅の近くの庭園美術館のレストランでお会いすることになった。これが二〇二三年の五月のことなので、まだ1年半ほどしか経っていない。私は、早速、天野さんの著書の「完訳カタカムナ」をアマゾンから取り寄せて読んでみることにした。一目見て、この本は不思議な本であるような気がした。というか、高度な暗号解読をベースにしているところがあって、読んでそのまま分かるような類の本ではないことがすぐに分かった。読んで分からないということになると、あとは直感を働かせるしかない。直感というのはどこから来るかというと、上の世界からやってくる。そして私が直感として、その時に得たものは、どうも、この本に書いてあることは本物らしいということだった。

そして、天野さんにお会いする日がやって来た。そのときは、二人の男性が一緒で、一人は岩崎さんで、もう一人は岩崎さんの仲間のようだった。二人とも、天野さんの昔からの仲間というより、私達４人がその場で皆合したような感じがした。岩崎さんの仲間の方はアニメの制作者の方のようで、そのときは４人で話が弾み、別れるときに、天野さんから、これを読んでほしいと言っていただいたものがあった。それが、ＵＳＢメモリに入った相似象学会誌のデータだったのである。

これは膨大なデータであったが、この時ある予感がして、これを読まないといけないという気がした。こういう「気がする」というのは、経験的に言って「強いインスピレーション」で、誰かが読むようにと働きかけているのである。これは何百ページもの単行本の何十冊ものシリーズで、一通り目を通すこと自体が簡単ではない類のものである。それと相似象学会誌を読んだことがある人なら分かるだろうが、初めて読む人用に書かれているわけではなくて、カタカムナの各論書のようなところがあり、使われている用語が独特なので、とても読みにくい。それで、私は目次部分を切り出して一冊の作業本を作ることにした。幸いなことに、この相似象学会の目次にはキーワードが切り出されているので、目次本を作っておくと、何がどこに書かれているかが分かるのである。この目次本だけで、一冊の本になってしまったが、これはとても役に立った。

そして、この膨大なデータを読んでいるうちに、楢崎皐月という人がどういう人で、二代目のカタカムナの伝承者の宇野多美恵という人がどういう人であるかが良く分かってきた。そもそもカタカムナがどういうものなのかということの輪郭が掴めてきた。この資料を目にしていなければカタカムナの本質にたどり着いてはいなかったかもしれなかった。それと、このカタカムナの解釈として言われていることは、形が同じではないが、既に私が知っていることでもあった。だから、正しさが確認できたということである。そういうものが、私の手元に届いたということである。おそらく、これは偶然に私のところにやって来たということではないのだろうと直感した。

このカタカムナの前にやっていたことは、シュタイナーの著作の研究だったが、シュタイナーが晩年に取り組んでいたことは、如何に人々を霊性に目覚めさせるかということだった。だが、このあたりの講演の内容は、非常に高度なもので、当時の人々に十分には伝わらなかったかもしれないという気がする。そして、このシュタイナーに関する本を書き終わったところだったのである。私としては、次の新しい案件として、カタカムナを取り上げることにして勉強を始め、自分でもいくつかの本を書いてみることにした。ユーチューブでの発信も開始した。

そして、そういうことをしているときに「炭油」という本を見つけた。楢崎皐月の手になる本というのはほとんど残っていない。「静電三法」があるくらいで、他にはない。それが、もう一冊あったということだ。そうこうしているうちに、もうひとつ重要な資料が手に入った。楢崎が炭油を実際に作りだす装置を設置した会社を設立した藤本という人の資料が手に入ったのである。これは驚くべきもので、軍との契約書の実物とか、当時の写真などで、オリジナルの資料に当たるものである。

この資料によると、設立されたのは「大日本炭油工業株式会社」という会社で、これが設立されたのは、一九三四年六月であり、楢崎が３５才の時だった。「炭油」という本が印刷されたのは一九四〇年五月であり、この炭油という本の中には、稼働中の工場の写真や合成された人造石油の組成が載っているので、この間の６年で工場生産ができるところまで行っていたと考えられる。満州に渡った時の契約書の原本があり、これによると、確かに満州に渡ったのは、一九四三年（孝徳１０年）のようで、４月１日の日付の契約書が残っている。だが、終戦は一九四五年なので、時間はあまりにも短かった。常識で考えると、二年で何か意味のあることができたとは考えにくい。実際に炭油の開発には６年を要している。これはあり得る話である。一方、楢崎が満州に行っていた頃に極秘の任務に就いていたのではないかという噂があるが、これについては客観的な証拠となる情報が存在しない上に、仮にそういうものに関わっていたとしても、期間を考慮したときに、何か意味のあることをやれるような時間があったとは思えないということがある。

帰国後に、満州にいた頃の技術者集団としての仲間がいたという話が出てくるが、大日本炭油工業株式会社の炭油の試験工場の写真の中には、まとまった数の技術者と思しき人たちの写真が出てくるので、これが楢崎の部下であった可能性はある。そして、彼らを満州に連れて行った可能性はある。

こういう作業を踏まえて、天野さんから依頼があり、「楢崎皐月に関する本」を共著させていただくことになった。大変光栄に思っている。私の書いたものが、皆さんの参考になれば幸いである。

筑波大学名誉教授　板野肯三

目　次

楢崎皐月という人物

楢崎皐月がどういう人物かを語るのは簡単なことではない。私が最初に彼の名前を知ったのは、「静電三法」という本の著者であるということだった。この人物が「カタカムナ」を解釈した人物であるということを、後になって知ることになるのだが、私にとっては、驚天動地のことが多かった。というのは、カタカムナについても、最近まで何も知らなかったからである。

私のカタカムナと楢崎皐月に関する知識は、私がカタカムナの三代目の伝承者である天野成美さんに会うことになったところから始まったと言ってもいいだろう。その時に、彼女から渡されたものがあった。それが相似象学会のバックナンバーである。この資料は膨大なものであって、一通り目を通すこと自体が容易ではないような規模のものであり、それ以上に、これは知識だけでは、読み解けないようなところのあるものであることが、そのうちに分かってきた。

だが、詳しい読み解きをする前に、なぜか全貌が分かってしまったのである。それは、私自身の直感と言えばいいだろうか。ビリビリとくるような感じがあって、これは絵空事ではないと感じたのである。その時に、私自身が認識している宇宙の真理の別バージョンのようなところがあるような気がした。

そのうちに、楢崎皐月という人のカタカムナ以外の部分での実像が私の前に少しづつ現れてきた。その一つが、彼が満州にわたる前にやっていた炭油である。これは、亜炭という石炭としては劣悪な石炭もどきの石炭から石油を作る研究である。研究というよりは、実用化していたようである。そして、この炭油のことを楢崎自身が書いた「炭油」という本があることが閃いた。そして、その本の資料を私は手に入れるチャンスを得たのである。

この「炭油」という本は、楢崎の書いた本としては、「静電三法」に並ぶ本で、この２冊しか残っていないので、貴重な本である。こういう本が手に入るというのは、何か縁があるのだろう。こういう時にやらないといけないことは、私自身が、この本を読んで、自らの解釈を世に出すということで、そういうことが求められているのだろという直感が働いた。

さて、ここで紹介する楢崎皐月という人物の生い立ちや彼の生きた時代というものを振り返ってみたい。彼は、私自身よりも、一世代前の時代を生きた人である。

明治の末期に生まれる

楢崎皐月が生まれたのは、母親の実家のある山口県の東萩というところで、1899年（明治32年）5月9日のことである。母方の祖父（楢崎寛直）は松下村塾の出身で、この寛直が娘を友人の息子の丹野軍治に嫁がせたが、寛直自身が北海道の開拓に加わっていて、息子がいなかったので、娘婿を養子に迎え、この軍治が楢崎家を継ぐことになる。この時点で、皐月も楢崎となった。

この東萩というのは、萩市の中にあり、吉田松陰の松下村塾から近いところにある。松陰が生まれてから70年くらい後に生まれたことになるが、その気鋭なところには共通点があるかもしれない。それまでにはなかったようなタイプの人である。5月に生まれたので「さつき」と名付けられたが、生後まもなく北海道に移って、幼少期から中学までは札幌で過ごすことになる。この時期というのは、クラーク博士が札幌農学校を開いた頃（1876年）なので、日本としては、新しいものが立ち上がっていた時であり、楢崎の人生は、こういう時期に始まったということである。彼自身の人生を考えると、意味なく、こういう場所で生まれ、育ったのではないような気がするのだが、どうだろうか？

明治の後半の頃がどういう時代であったかというと、これは二十世紀の初頭であり、科学や技術が本格的に展開してきた時代である。ここ２０００年くらいを俯瞰すると、現代の科学の発達の起点は、ガリレオやデカルトの時代であり、そこからニュートンを経て、現代科学の時代に入っていき、量子力学や相対性理論が現れる。産業的には、18～19世紀にかけての蒸気機関の発明に端を発する産業革命で世の中が大きく変化する。電気の発明や自動車の発明も、この時期のものである。フォードが自動車を発明し、エジソンが白熱電球を発明して電気で照明ができる時代になった。

同じ電気でも、エジソンの発明した電気は直流だったが、同時代のテスラの発明した電気は交流だった。電気としては、エジソンの発明した直流の方が直感的には理解しやすいが、今の世の中では交流の方が多用されている。エネルギーを遠くに送るには、交流の方が有利だからである。だから、テスラの交流方式に軍配が上がったが、世の中には、テスラの名前はエジソンほどには知られていない。だが、科学の世界では、テスラは「磁束密度」単位として採用された。物理量の単位になった人の名前は、そんなに多くはない。

実は、エネルギーとしての電気だけではなくて、電気は通信として使われるようになる。最初に電信の技術が現れたのは１８３２年であり、１８３６年にはモールス信号が現れた。

北アメリカを横断する電信システムが１８６1年に現れた。日本でも、明治維新（１８６８年）以降、急速に、これらの技術のフォローが始まる。

科学の観点からいうと、電気と磁気というものにはお互いの間に相補的な関係があり、電気の変化が磁気を生み出し、磁気の変化が電気を生み出す。電波（電磁波）というのは、この電気と磁気の自己誘起的変化で生まれたエネルギー波であり、この電気と磁気の変化を決めているのが、マックスウェルの方程式なのである。もう少し、正確に言うなら、電気というところは「電場（電気の場）」であり、磁気というところは「磁場（磁気の場）」というべきであって、これは時空の広がりの中に展開している電気とか磁気のエネルギーの表現なのである。そして、電気と磁気は常に対になっているのである。そして、当たり前のこととしては知られていないが、生命性に関わるのは磁気の方である。

そして、日本もちょうど世界を追いかけ始めていた時代が、この楢崎が生まれたころの時期であったということだ。

ちなみに、日本で初めての発電所が稼働したのは、１８８7年（明治20年）11月29日のことであり、これは、「第二電燈局」と言われて、日本橋の茅場町に作られ、25ＫＷの電力を発電していた。当時の日本に電化製品はなく、電燈を灯すために使われたようである。実は、世界で最初の商用の発電所は、アメリカのニューヨークのマンハッタン（パールストリート）にエジソンが作った発電所で、これが1882年9月4日のことだった。このエジソンの発電所も、日本の最初の発電所も直流で電気を送った。そして、おどろくべきことは、日本が5年で追いついたということだろう。この時は、日本は実業家の渋沢が動いた。政府の認可を受けての話ではあったが、実業界の判断があったということである。

世界は、あらゆる点において科学全盛の時代になりつつあり、日本もそれを追うべく、動き出していたということである。

自らを貫こうとする気骨

楢崎が育った札幌は、東京と比べれば、のどかで自然豊かな場所であり、精神的な風土という意味でも稀有な場所であった。楢崎が直接的に触れていたということはないと思うが、場所には磁場がある。その意味で、日本で「少年よ、大志を抱け」という言葉が発せられた（１８７７年）場所というのは、普通の場所ではない。生を受けた地が松下村塾の近くであったというのも、普通ではない。その意味では、楢崎も日本で新しい流れを作っていく一人であったということだろう。

少年時代の楢崎がどういう子供だったのかというと、自分の信念を簡単には曲げない子、簡単には折れないところのある子であり、辛抱強い努力の子でもあったようだ。幼いころから、普通ではないところがあり、伝説的な存在であったらしい。一度言い出したことは、簡単に取り下げたりはしなかったし、決して最後まであきらめなかった。引き下がらなかった。向こう見ずというわけではなく、極めて慎重にものごとを見極めるようなところがあり、自分が本当にこれだと思うようなことがあったら、それをとことん突き詰めるようなタイプである。後の楢崎を彷彿させるようなところが幼いころからあったということである。

人に対しての優しさというものが常にありながら、自分が正しいと思うことを曲げないということを、科学技術の世界において貫こうとするマインドの片鱗が現れていた。気骨があった。気骨というのは、松下村塾の祖父ゆずりのものかもしれない。既存の価値観に迎合しない強さの片鱗が、既に現れていたのが楢崎の少年時代と言ってもいいかもしれなかった。

大学に縛られない自由人に

楢崎皐月が、中学から大学に進学しようとするところで、大きな転機が訪れる。この中学からというところが、現代では理解しにくいかもしれないが、当時の中学は、今の中学とは違い、年齢的にみると高校に近い位置づけにある。それと、北海道帝国大学が設立されたのは1918年であるので、東北帝国大学（1907年設立）が一番もよりの大学ではなかったのではないかと思われる。

この時の一番の問題は、楢崎皐月が兄と同じ東北帝国大学を受験するときに、一次試験には合格していたが、二次試験に欠席せざるを得ない事故が起こったことである。それが原因で、この年軍に入隊することになる。そして、その1年後東京の唯一の電気専門学校に入学する。まともにいっていれば、まず問題なく東北帝国大学に入学していたであろうと思われるので、これは、運命というか、天の采配を感じさせる事件であった。

常識的な尺度で考えれば、東北帝国大学のような一流校に入学できなかったのは大きなダメージである。だが、これは必然だったという見方もある。というのは、ここで無事大学に入学できていたら、その後の楢崎皐月はなかったかもしれなかったからである。というのは、人間がひとつの人生の中で持つ世界観というのは、不思議なことにジレンマのようなものを抱えていて、大学で教育を受ければ、今の文明の中での標準的な世界観が刷り込まれる。現代の科学というものが持っている認識の体系というものが必ずしも間違っているとは言えないが、私の見るところ、欠けている部分がある。それに、物質を扱う方法として、すべてが揃っているわけではない。一般に先人の見識を尊重するのは大事なことであるが、それに縛られると身動きができなくなることがあるからである。

私が見ても、楢崎のアプローチは独特なところがある。他の人が思ってもみないようなことをやる。並みの人がそういうことをしても、普通はうまくいかない。だが、楢崎がやることは的を得ていることが多い。

大学には行かなかったが、彼が何も勉強をしなかったわけではない。大学に行く代わりに、日本で最初の電気専門学校に行き、電気のことを詳しく学ぶことになった。また、独学であらゆることを学んだ人であり、当時の世の中での科学的知識は吸収していたのではないかと思うが、科学というのは最先端の領域であるほど、未知のことが多く、大学に行って勉強すれば、どんなことでも分かるというものでもないのである。だから説明のできないことが多くあるということが分かっていた。だから、実際に何かをやろうとすれば、どうしたらいいかが分からないでやらなくてはならないということになることが多い。それが研究なのである。そして、そういう時に、楢崎は、いい答えを見つけることができた。ある意味の直感が働いたようで、メカニズムを説明するよりも、どうすればうまく行くかという方法を思いつくということに長けていた。だから、結果が出せたのであろう。

大学での権威のある指導者というのは、楢崎のようなタイプの人がいないわけではないが、多くは、自分のアイデアに沿って展開することを若い人に期待している人は多い。実際問題として、そういうスタッフを抱えないと、自分の研究が推進できないようなところがある。だから、楢崎のようなタイプの人には、大学の教授になれればいいかもしれないが、大学の若いスタッフとしては向かないタイプである。

こういうことは、明らかに無駄な努力の試行を避けるということにおいては意味があるが、その無駄な努力のところに宝が埋まっているかもしれない。これを分けるのは、深い洞察と直感であり、それも、天才の洞察と直感と言った方がいいかもしれない。この意味で言うと、楢崎は大学に行かなくてよかったということになるだろう。行けば、折角の才能がつぶされていたかもしれないし、奇想天外な発明は世に現れなかっただろう。エジソンとテスラの話は有名なのだが、テスラがエジソンに妥協していたら、交流は世に現れなかったということである。

燃やさない油の絶縁油

楢崎が20代の後半に行っていた「特殊絶縁油」の開発というものは、研究の中味の詳細がどういうものかがよく分かっていないので、確定的なことは言えない。しかし、私の想像するところでは、石油（原油）の中から採れる気化するの炭素数の小さな化合物（アルカン）はプロパンとかの加熱用のガスとして使用され、液体だが燃えやすいガソリンのようなものはエンジンの燃料になり、もう少し炭素数が多いものが絶縁油になるのではないかと思っている。

絶縁油というのは、変圧器（トランス）の冷却液で、鉄芯やコイルからの発熱を効果的に外部に放散するための熱伝達物質として使われる。絶縁油として使う油には不純物が混じっていてはいけないのと、ある程度の炭素数の多いアルカンを多く必要としていることが想定される、だから、場合によっては、長鎖の安定なアルカンを増やす必要があるのではないかと考えられる。

となると、そういう特定の構造を持つ油を作る必要があり、これは不必要なものを分解して、必要なものを増やすという意味で、後年に彼が行った炭油の製造に使われた方法と類似した技術が、この時に使われていた可能性があるかもしれないという気がする。

現在用いられている変圧器用の絶縁油はナフテン系のものが多く、これはアルカン系ではなくて環状の構造を持つ有機物の系統であり、南米のベネズエラ産の原油が適していたようである。絶縁性が必要なので不純物が混じることを嫌うということと、変圧器に封入して長期にわたって使えるような安定性が必要であって、このために、原油の中にある様々な成分から特定の物を選び出して純化する必要があるということで、これは二十世紀の初頭の日本では簡単ではなかったのだろうと思われる。

電気は最初こそ直流だったが、すぐに交流になり、電圧を変換するために、トランスがあらゆるところに設置された。当然、寒冷な地域でも使用されるので、このトランスに使う絶縁油は、寒くても凍らないものでなくてはならない。融点（凝固点）が低くないといけない。あと、油の安定度というのは、酸化しにくいということであり、最近は空気を遮断するために窒素を入れるが、当時は絶縁油は空気に触れていた。だから、酸素に触れても酸化しにくいということが大事な要素だった。

現在では、この絶縁油の系統の油には、ナフテン系の原油が使われている、原油は大きく分けて、パラフィン系とナフテン系があり、パラフィン系は炭素が一本の鎖のような形でつながっているが、ナフテン系は五角形とか六角形の環状の構造（次頁）をしている。そして、この環を基本にしてより大きな構造に成長していく。一本鎖の場合は、単に鎖が長くなっていくような構造になる。

直感的なイメージで言うと、ナフテン系油の分子の方が、アルカン系よりも立体的にまとまっていて、空間的にコンパクトであり、そのために、密度が高く、流動性が高い。要するに、少し重くてさらさらしている。そして、熱に対する安定性が高い。炭素が一本鎖で伸びているよりも、五角形とか六角形の構造の方がしっかりしているので、その分、安定しているという風に直感的に理解することができるだろう。物質としての実際の性質が、このことを裏付けている。ちなみに、このシクロヘキサンという物質は、立体構造が舟形とイス形の２つを持っていて、この２つのエネルギー表現の間で行き来している。環という構造自体が循環するエネルギー体の表現であって、存在のエネルギーが強いように感じる。

したがって、楢崎が、当時、絶縁油を作り出すのに成功していたというなら、この環状構造を持つ油を作ることができていたのではないかと推定する。アルカンのような有機物からシクロヘキサンのような物質を作り出すにはどうしたらいいかということだが、それには、一度、短い炭素鎖に切ってから、これを環状につなぐ必要がある。少なくとも、後年楢崎が炭油を作ったときは、その成分の中にナフテン系の成分がかなり含まれていたということが分かっている。

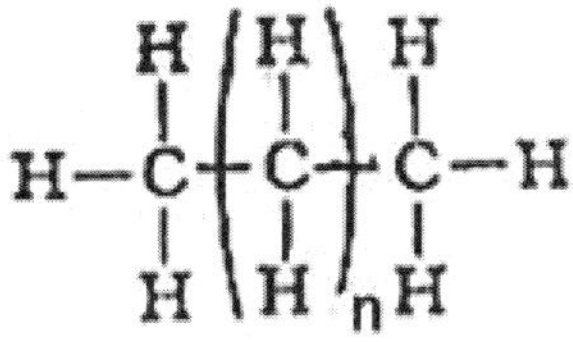

直鎖パラフィン（アルカン）
パラフィン系原油の成分

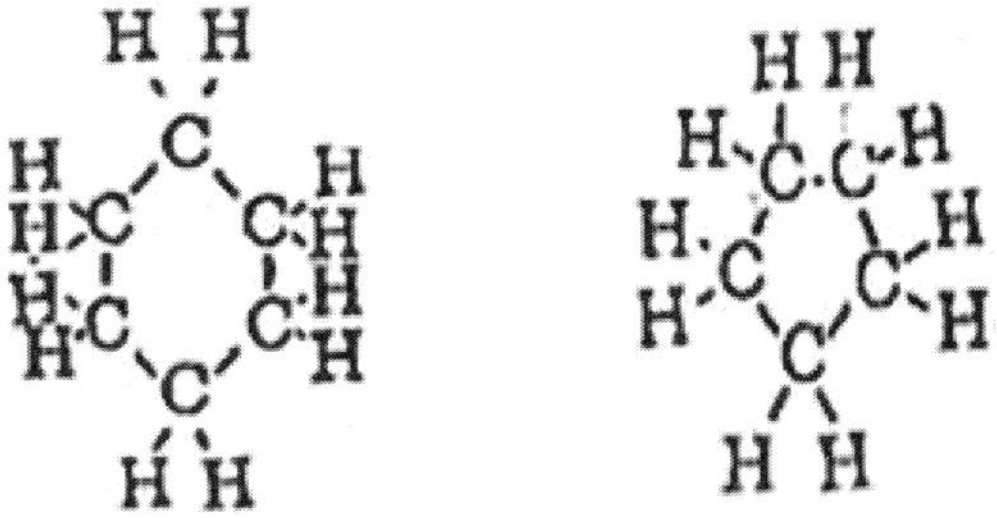

シクロヘキサン　シクロペンタン
ナフテン系原油の成分

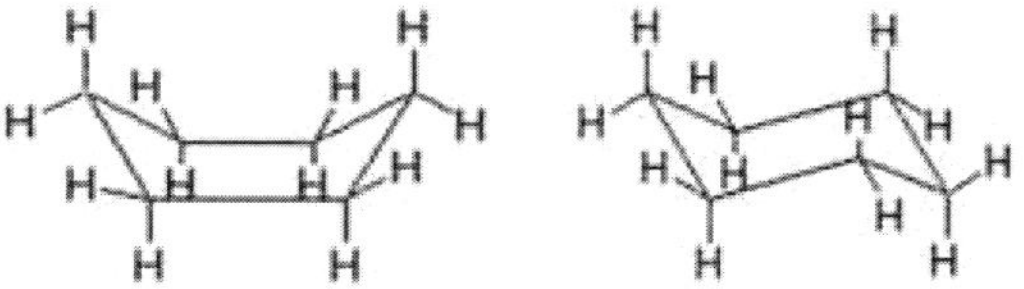

舟形配座　いす形配座

燃やす油の炭油

楢崎が30代の後半に行ったのが炭油の開発である。楢崎は石炭を「油化」したということで、「炭油」と呼んでいるが、要するに、これは炭素からの石油の合成である。絶縁油と違うのは、今度は、燃える油を作るというところである。同じ油でも、絶縁油は、熱によって変質しにくい油、要するに「燃えにくい」油ということになる。

これをどうやるかというと、亜炭という石炭になる前の石炭としては質の悪い石炭を原料にして、この亜炭を粉にして、これにイオン化した水蒸気を入れてコロイドを作る。一方、亜炭から直接にガスを生成して、これもイオン化してコロイドに加える。このコロイドにいろいろな振動を与えて微細化していき、最後に、この微細化されたコロイドから、放電を使ってラジカルを発生させ、高分子の石油を生み出すというものである。全体を５段階のプロセスで構成して、このプロセスの中でコロイドを循環させる。出来上がってくる石油と材料のコロイドを混在させて循環し、途中で気化しているもの取り出して冷却して石油を取り出すという方法である。

一般に、原油の中には、多様な炭化水素の化合物が混在していて、燃料として使えるのは、炭素数が5～20くらいの短鎖や環状構造を持つ炭化水素である。この楢崎の方法は、基本的には、原料の石炭（炭素）と水から高分子の炭化水素を合成する方法であるが、これを高温高圧の環境を使わないで、代わりに放電を用いて行う方法である。

当時の一般的な石炭からの石油の合成法は、ドイツで生み出された高温高圧の環境と特殊な触媒を使う方法だった。しかし、この方法では、水が超臨界に入る環境を使っているので、当時のプラントの鋼材が侵食されて多くの爆発事故を誘発した。このための特殊鋼が日本では、まだ作れていなかった。だから、日本では、この方法で、石油を量産するところまでは持っていけなかったということがある。

ちなみに、「炭油」の中にある最終プロダクトの組成表では、ナフテン系のものとパラフィン系のものの両方が得られている。パラフィン系とナフテン系の比率は5対4から5対3くらいなので、短鎖のアルカンだけではなくて、かなりの環状構造のものも合成できていたということをこれは示している。ナフテン系の油は、世界の油田のどこででもできているわけではなくて、非常に貴重なものだし、ナフテン系のもの合成できるという報告はあまり聞いたことがないので、実は、これはすごいことだったのかもしれないという気がする。

当時の主流の石油合成法

現在の合成石油とか合成燃料というのは、二酸化炭素を還元して燃料を合成しようとするものであるが、歴史的には、石炭（炭素）と水から石油を合成しようということが考えられた時代があり、これは１９２０年代に始まった。ドイツのカイザー・ヴィルヘルム石炭研究所のフィッシャーとトロプシュが１９２３年にＦＴ法（Fischer-Tropsch process）という石炭液化技術を開発し、１９２５年に特許を取得している。これはどういうものかというと、石炭を乾留（蒸し焼きに）して、これに水蒸気をあてて一酸化炭素と水素の混合ガスにし、それをコバルト系の触媒を使って石油にするというものである。ちなみに乾留の温度を上げると（１３００度くらい）コークス（骸炭）になる。コークスは余分な成分が抜けて純粋な炭素に近く鉄鋼炉ではこのコークスを使う。

このＦＴ法をもとに民間ではドイツのルアー・ケミー（(Ruhr Chemie）社などで工業生産が始まった（１９３５年）。これを三井物産が日本に導入する契約を結んだのが１９３６年である。そして日本では半官半民の北海道人造石油（株）が設立され（１９３８年）、北海道の滝川でこの北海道人造石油の試験研究所が稼働し始めたのが１９４１年だった。一方ドイツでは、巨大企業のＩＧファルベン(Farben)が国策として動いていて、ドイツの各地に人造石油の工場が作られていた。

実は日本にもＦＴ法の研究を始めた人がいた。京都帝国大学の教授であった喜多である。１９２７年のことであった。ドイツのフィッシャーとトロプシュが使ったのはコバルト系の触媒だったが、喜多の研究室からは新しい触媒が生まれてくる。鉄系の触媒である。１９３７年にはこの触媒が京都帝国大学付置化学研究所に持ち込まれ、工業試験が開始された。そして北海道人造石油（株）と京都化研の共同研究へと発展し、１９４４年には鉄触媒本格炉の試運転が滝川で始まった。終戦1年前のことである。この段階で触媒の技術はドイツのオリジナルを研究レベルでは凌駕していたようである。だがこの技術は、戦後にこの段階で途絶してしまう。

大日本炭油工業と「炭油」

「亜炭から石油を作る」ということについて楢崎皐月著「炭油」という本があり、この本は「大日本炭油工業（株）」という会社が印刷したものであるが公開はされていない。どうもこの会社の社長である藤本榮次郎が楢崎氏の支援者であったようである。この本が印刷されたのは１９４０年のことであるが、このころには楢崎氏の技術は完成していたはずである。

「炭油」には、大日本炭油工業の生産設備の写真が載っていて、これは実験室規模のものではない。本格的な生産設備である。大日本炭油工業という会社は、実際に、石油の生産を１９４０年頃にはしていたことが、この写真からはうかがわれる。

最近、天野さんから聞いた話では、楢崎たちは、この設備で作った石油を、石油がなくて困っていた人たちに供給していたらしい。まさに有徳の人である。この話は、整理が必要であるが、ほんとうは、困っている人たちに石油を供給するために、民間のお金だけで作られた会社が大日本炭油工業であったということのようである。

そこで、ここではまず、この楢崎の炭油というものを見てみようと思う。これは亜炭という石炭になる前の石炭のもとのような物質を原料にして、高温高圧の環境は使わないで液化をして石油にしたものである。石炭にもいろいろな種類があるが、ごく上質な石炭は、そんなに一杯採れるわけではない。それに比較して、楢崎氏が注目した亜炭という石炭もどきのものは、石炭とは言えないような粗悪な石炭で、しかも量が大量に存在する。充分石炭化していないので、水や有機物を多めに含んでいて、石油化をするには、逆に都合がいいようなところがある。

楢崎のやり方は、無理な強引な方法は使わない。多少の過熱をすることがあっても、100℃以下である。常圧で100℃以下の温度であると、当然のことながら、普通は反応が起こらない。そこで楢崎が使ったのが放電である。亜炭を石油に変えるには、水素を入れて還元する必要があるが、これを行うのに、亜炭を一部ガス化して水素とかメタンを生成し、これと水蒸気を混合してイオン化し、これを亜炭の粉に加えて、コロイド状に変えていき、最後に、このコロイド内の分子を反応させるのである。

イオン化するのは、亜炭の微粉末と気体が混合しやすくなるということがあるが、容器中の気体がイオン化していると、放電がしやすくなるということもある。そして、この水蒸気や亜炭ガスをイオン化するときも、放電を使用する。実は、この亜炭のガス化の時だけは、例外的に３００度くらいに過熱する。

詳細な科学的な説明が「炭油」という本に十分には載っていないので、何が起こっていたのかを、この本の中だけから客観的につかむことは容易ではないが、楢崎の記述している状況から推測すると、材料の分子や原子レベルでの活性が高まり、この結果、炭素原子や水素原子が結びつきやすくなり、より複雑な有機物（石油）になるような合成反応が起こったのではないかと思われる。

石炭の炭素と水の水素から石油が合成されるというのは、高温・高圧で適切な触媒が存在すれば可能であることが当時既に明らかになっており、この高温・高圧と触媒で得られる反応の条件が、代わりに放電使った場で実現されていれば、そこで合成反応が起こっても決して不思議ではないだろう。高温・高圧の環境では、水の性質が（超臨界に）変化して金属をも腐食するという問題があり、放電を使う方法の方が、はるかに穏やかなやり方であって、安全に合成ができるというメリットがある。なお、当時は、水の超臨界というようなことは分かってはいなかった時代であった。

有機化学の分野では、物質を２００度以上に加熱すると、イオン化ではなくて、ラジカルが発生することが分かっている。このラジカルというのは、非常に反応性が高い原子や分子の状態である。例えば、エチレンを高温でラジカル化してやると、そのラジカル化したエチレンが結合して行って、高分子のポリエチレンが出来上がるということが知られている。

楢崎は、いくつかの種類の放電を使い分けていて、放電は、分子のイオン化、粒子や分子の微細化、それに、ラジカルを発生しての高分子合成にも使っていたように見える。こういうことを温度や圧力を高くしないで、対象を活性化する力が放電にはあったということである。

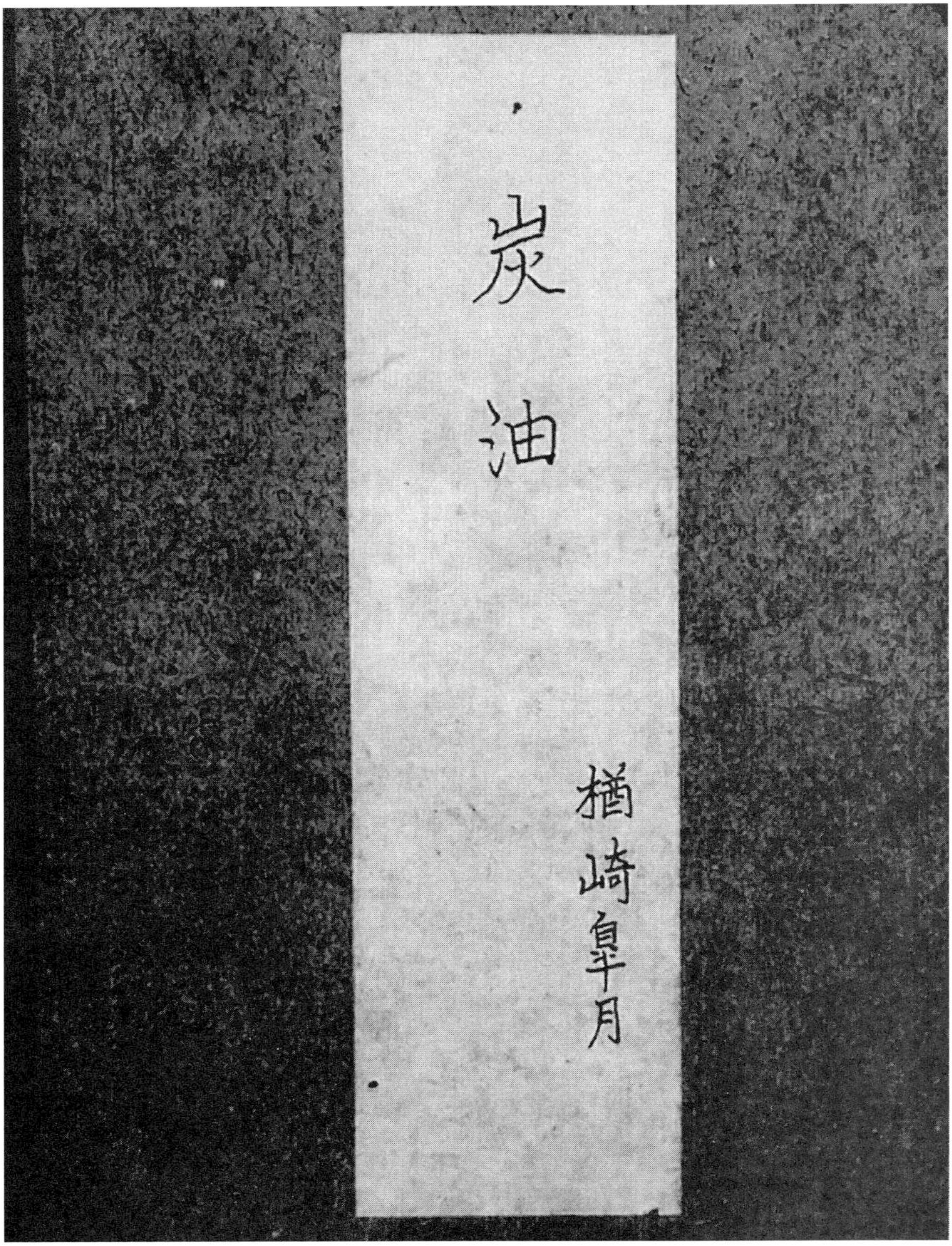

楢崎皐月著（非売品）自筆の表紙

楢崎の炭油の製造システム

楢崎が作った装置の主たるシステムは、「コロイド化器」、「ガス付着器」「微細化器」「液化器」「合成器」の5段階になっていて、これとは別に2つの準備段階の処理である「水蒸気生成器」と「亜炭のガス発生器」がある。

処理の流れは、「コロイド化器」、「ガス付着器」「微細化器」への順番で進み、「微細化器」の出力の一部は、「合成器」を経由して、第一段の「コロイド化器」に戻され、処理が循環するようになっている。

準備段階の処理のうち「水蒸気発生器」には特段の説明がないが、出来上がった水蒸気のイオン化には放電を使用する。別処理のもうひとつの亜炭系ガスの生成は、亜炭にある程度の加熱と放電を用いることで発生させる。

処理の第一段は「コロイド化器」で行う亜炭のコロイド化である。これは、亜炭の粉の中にイオン化された水蒸気を送り込んで、抑制放電による電界（暗放電）を発生させて、これに触れさせることで行う。

処理の第二段階は、「ガス付着器」で行う亜炭コロイドへのイオン化された亜炭ガスと水蒸気の吸着である。ここでコロイド粒子の表面へ与える電気的刺激は、「衝撃性振動電気」の電界において超短波高周波を与え、粒子の表面に極性の変化を起こし、静電気引力を活性させる。またコロイドに超音波振動も与えて、接触している粒子の表面を揺さぶり、送り込むガスによりコロイドを攪拌して、粒子の表面を変化させ、接触による微粒子化を進める。

処理の第三段階は、「微細化器」で行うコロイド溶液のなかにある粒子の中で会合している物資を解離することや分子を分解することであり、コロイド中の粒子を、より小さなものへと分解することである。ちなみに、コロイドというのは、水の中に細かい粒子が浮遊している状態のもので、ほんとうの意味で溶けているのではない。このために、あらゆる衝撃を加えることで微細化を試みるのである。

処理の第四段階は、「液化器」で行う気体状の石油を液化して液体の石油を生成する。これとは別に行う第五段階の「合成器」があり、ここでは液化器に行かなかったコロイドやガスの成果物に、水蒸気と亜炭系ガスの付加を行う。実はネーミングが紛らわしいが、この5段目が、どうも合成の本体の処理であるようで、ここで尖端コロナ放電の沿面放電に触れさせて「合成」を行っている。

そしてここに、もうひとつの独自な方法が使われている。普通なら、合成の段階の後で、最終成果の石油を取り出すはずなのだが、そうはされない。この成果物は第一段目に循環されるのである。出来上がった石油（油）の混じったガスやコロイドを最初に戻して循環させるということに意味は何だろうか？　放電に続くもうひとつの秘密が、ここに隠されているような気がする。

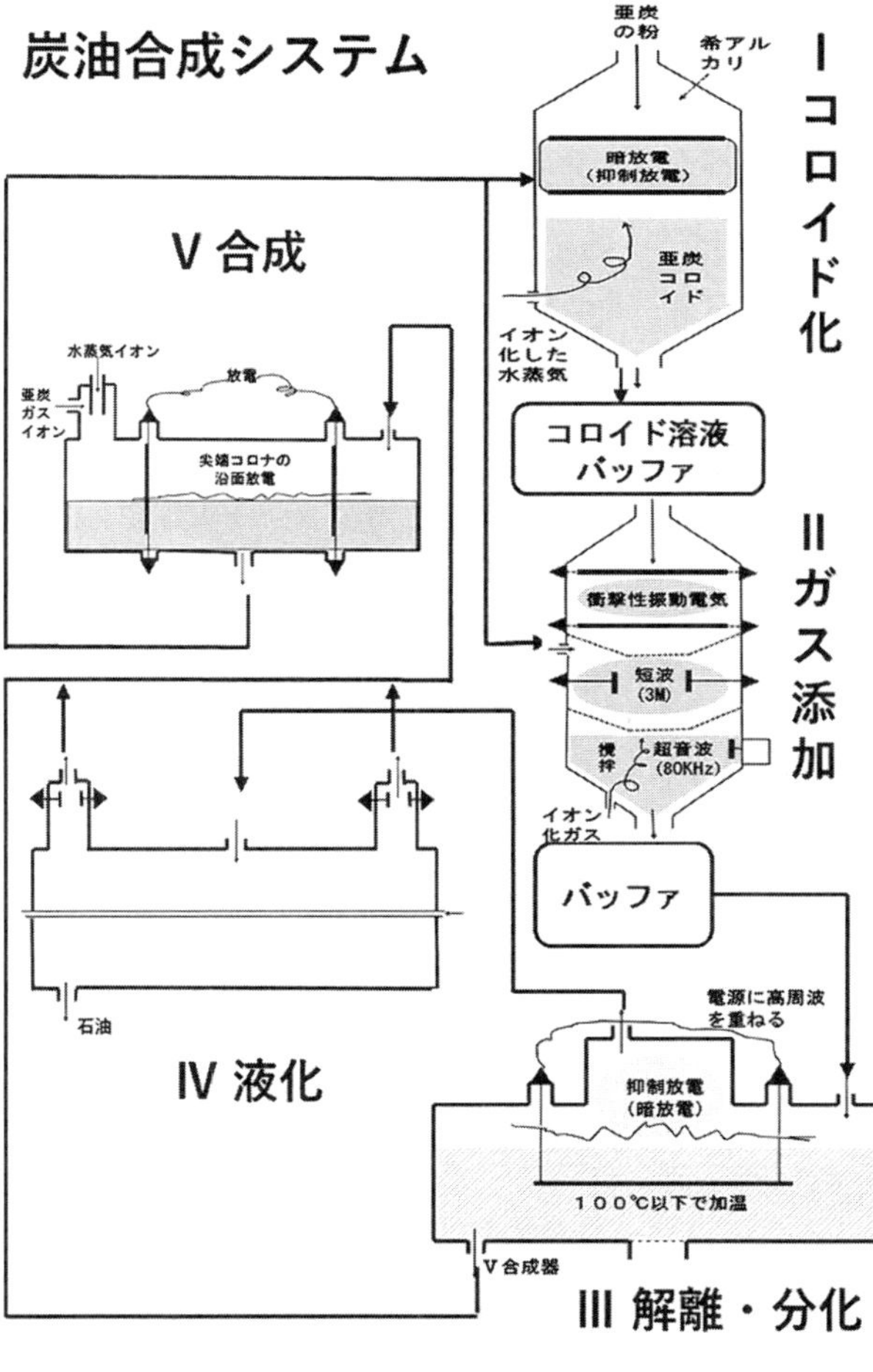

放電の魔術師

楢崎方式ではどうしているかというと、たとえば容器内の上下に放電用の電極を置く。下部はコロイド溶液状の亜炭からの変成物があって、上部にはイオン化した気体がある。この状態で電圧をかけて放電を起こすが、気体部分はイオン化しているので電気が流れやすい。高圧をかけて一度放電を開始した後に、電流を絞って暗放電に近い状態に維持する。これを楢崎は「抑制放電」と呼んでいる。

実は、暗放電というのは、グロー放電よりも低いレベルの放電で、電圧が600Vくらいで1マイクロA以下のわずかな電流が流れ続けるような放電であり、これは空気中にわずかに存在している導電性の分子があるときに起こる「バックグラウンド的」な放電である。だから、放電というようなジャンルの中で積極的に使われることがないタイプのものである。こういう通常の概念の枠外にあるようなものを使うというのは、楢崎の真骨頂と言えるかもしれない。

もうひとつの放電はコロナ放電である。まずコロナ放電というのがどういう放電かというと、これはプラズマボールというオモチャの中で使われている放電である。放電というものを大きく分類すると、「火花放電」、「コロナ放電」、「アーク放電」、「グロー放電」の４つになる。この中の火花放電が「カミナリ」である。テスラコイルは、おそらくコロナ放電だろう。沿面放電が出てくるときは、「尖端コロナの沿面放電」という表現で出てきて、これはイオン化器とフィードバック用の合成器で登場する。

「沿面放電」というのは言葉が出てくるのは、一方の電極（下）はコロイドの中に埋もれているので、コロイドと気相の境界面に放電が拡がるのではないかと思われる。

それと、「炭油」の中で出てくる表現から私が受け取ったことは、楢崎が使った放電は物質を活性化させる手段であって、いろいろな局面で必要な活性を生み出すために、放電を微妙にチューニングして、それぞれの局面で必要なエネルギーの共鳴を作り出しているように見えるということである。この部分のメカニズムを具体的に説明していないが、恐らく必要なことは行っているので、結果が出たのであろう。外側から見ていると、楢崎は、正に、放電を自由に操ることのできる魔術師のようである。

放電によって合成を起こすメカニズムの説明

楢崎のシステムを解析するための最も大きな手掛かりは、彼のシステムが実際に安定に動作していて、「石油」を生み出していたということである。石油が生み出されていたということが何を意味していたのかと言うと、よりプリミティブな材料である炭素とか水素とかメタンとか一酸化炭素などの化合物が重合していって、石油としての長鎖のアルカン(炭素と水素で出来た鎖状の有機物)や環状の高分子に成長していったということである。ちなみに、石油というのは単純な1つの化合物ではなくて、炭素数が5〜20くらいの高分子の混合物である。

そういうより長いアルカンが出来上がっていたということであれば、要素となる分子や原子がラジカル化していた可能性が非常に高いということになる。そして、ラジカル化は、高いエネルギー下でないと起こらないので、それは、楢崎の環境では放電しかないということになる。

実際問題として、楢崎皐月の炭油製造のシステムでは、原料は水と亜炭であり、そこから最終プロダクトの油として、ナフテン系やパラフィン系の油が得られたという成分表が

「炭油」という本には、掲載されている。パラフィン系というのは１本鎖の炭化水素の高分子で、ナフテン系というのは環状の炭化水素の高分子であるので、これは、明らかに、プリミティブな炭素や水素から複雑な高分子が合成されたということを意味している、しかも、常温常圧でだ。

なぜ、こういうことを議論しないといけないかというと、楢崎の炭油の製造法の場合に、合成のメカニズムが説明されていないということがあるからだ。普通は、いろいろな実験をして、合成の核になるメカニズムを確認してからプラントを作るので、プラントの中で何が起こっているのかについて悩むことはない。楢崎のシステムの場合は、製造の原理を示すことなく、製造法がアプリオリに出てくる。ここが、楢崎の天才性であるのだが、多くに人には、これが何をやっているのか理解できないことになる。

私の思うには、実働しているシステムがあるのであれば、その中で何が起こっているのかを詳細に調べて、メカニズムを突き止めて検証するようなことをすると面白いだろうという気がした。ただ、これは、当時の手段では検証ができなかったかもしれない。一番実験をして確かめないといけない部分は放電である。放電というものが有機化学の領域でどういう力をもっているのかというのは、今の時代も良く知られていないことである。

とくに、最終成果物にナフテン系のものやパラフィン系のものが多いというのは、かなりの規模の高分子まで合成が進んでいたということで、これは、今の時代で見ても、興味深い話である。

炭油の組成			
	分留方式	ナフテン系	パラフィン系
A	直火	31.92%	41.91%
A’	直火・放電	21.33%	57.23%
B	直火	35.87%	40.89%
B’	直火・放電	37.47%	42.03%
C	直火	26.32%	51.06%
C’	直火・放電	36.22%	50.22%

A、B、Cの３種類の試料について、分留時に放電を加えた場合と加えない場合の比較(［炭油」より抜粋して編集)

土の電位

楢崎は、その後、多くの独特の研究を行っている。炭油の開発の後、終戦までの２年間は満州の製鉄所にいた。あまりにも時間が短かったために、この時に何ができたのかは明らかではないが、製鉄所の立地している土地の磁場が、作られる鉄の質の良しあしに関係があるという重要な事実を発見する。実は、こういうことがあるということに気が付いたということが、彼の洞察力や感性が常人のものではないことを物語っている。満州から帰国後に、彼は独特の農業の技術を開発し、これを「静電三法」と呼んだが、この土地の磁場の話は、この中に出てくる。このことについては、もうひとつの重要な事実の発見があり、この土地の磁場を、その土地の電位が映すということを見つけた。

ここで言う磁場というのは、電磁場の磁場ではなくて、霊的な雰囲気であり、その場所の目に見えないエネルギーのことを言う。だから、こういう「磁場」と、目に見えて測定のできる電位に関係があるというのは、大変な発見である。ただ、この磁場が電位に映されているのか、電位が磁場に映されているのか、どちらなのだろうか？

ということになると、そもそも電気というのは何なのかを、もう少し突き詰めてみないといけないという気がする。科学の中で知られていることは、電気というのはどこにあるのかということを大まかに言うとすると、あらゆる物質を構成する素粒子の中に電子と陽子というのがあって、あらゆる物質を構成する原子は、この陽子と電子からできており、このうち陽子の方がプラスの電気を持っていて、電子の方がマイナスの電気を持っている。そして、電子の方が圧倒的に軽く、原子の周辺に存在していて、この原子の周辺にいる電子は移動しやすく、この電子が流動すると電流になる。電子が流動しないこともあって、そういう場合には、原子の結合した分子のレベルで、電子に偏りが出ることがあって、同じ分子の中で空間的にプラスとマイナスの部分が分かれることもある。これが、今の科学における、大まかな説明である。

だが、大地の表面に電子差が現れるというのは、あまりよく知られていることではない。正確に言うと、楢崎が測定したのは、大地に穴を掘って、数十センチ下の電位と表面の電位の差を計ったようである。こういう土の中に存在する電位差を測定した人は、他にいないかもしれない。実際に、土には電位差が存在している。これは確かである。なぜなら、私自身も測定をしてみたことがあるからだ。だが、この電位はとても不安定なもので、土の種類にもよるし、周りの環境にもよるということがあった。そこに、どういう植物が植えてあるかでも変化する。

植物自体の中に電位があるのは、実際に測定をして確認したが、土の中はどうだろうかと思い、念のために土の中の電位の測定もしてみたことがある。最初に測ったのは、オーガスタの植えてある鉢だった。鉢の中に、銅製の電極をセットして電位を測ることにした。もちろん、土自体が導電性があるので、電極をつなぐ導線の部分は絶縁物で被覆された線を使用しないといけない。この測定をした値を、右の図に示した。

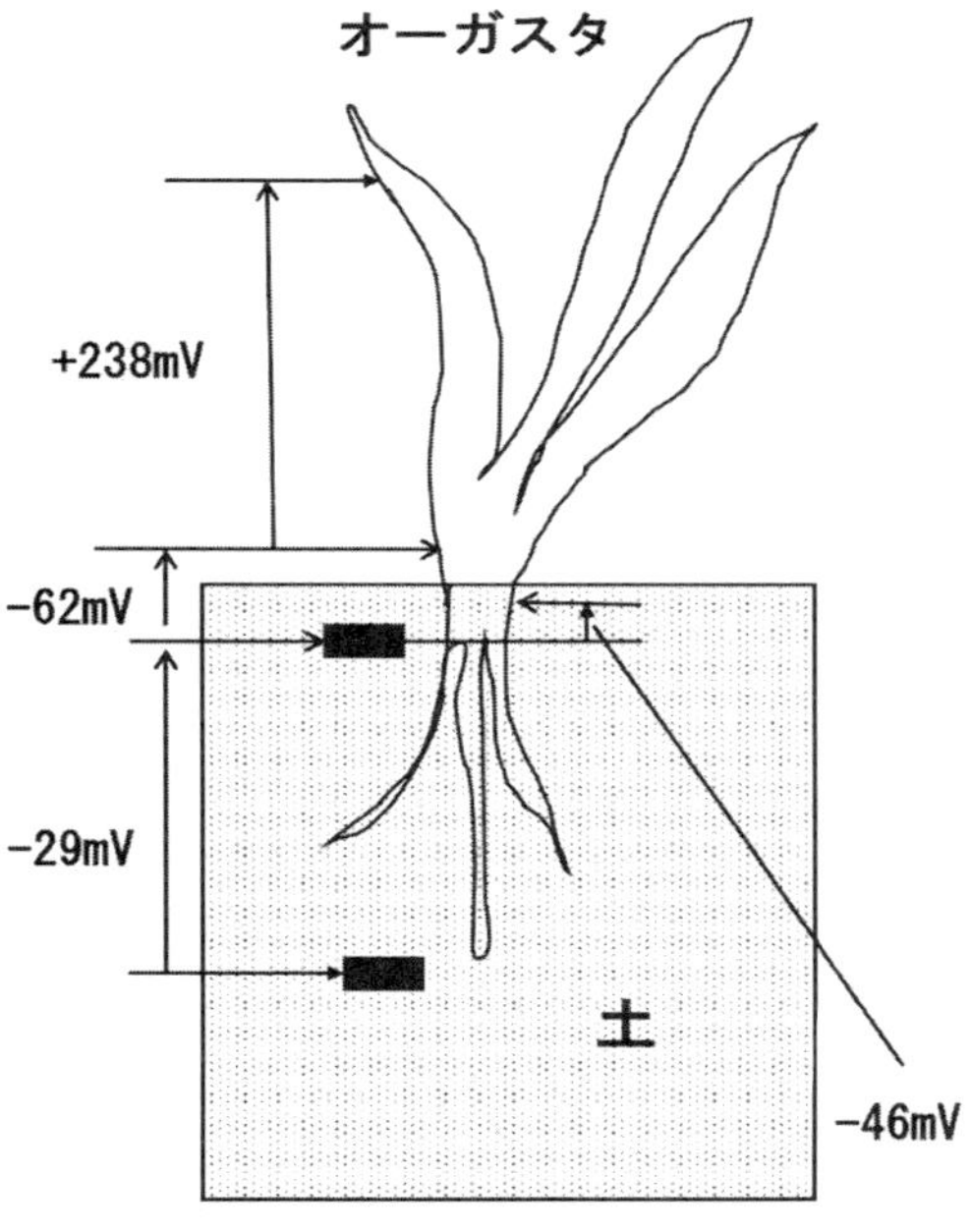

オーガスタの鉢の電位測定

オーガスタというのは、株元を基準点として電位は、上の茎の方に向かって正の電位勾配を持っている。我が家のオーガスタだと、株元から見て葉の付け根あたりの電位は、２００ｍＶ以上プラス側にある。これに対して、鉢の土はどうかと言うと、地面から数センチ下の位置からみて、株元はマイナス60ｍＶくらい低い。要するに土の中の方が相対的にプラス電位になっている。さらに10ｃｍくらい下は、さらに30ｍＶくらい電位が高い。オーガスタ自体も、株元から根の方に行くと、さらに電位が高くなっている。株元あたりが最低だった。

そこで今度は、容器に土だけを詰めて電位を測ってみた。ちなみに、使った土は「赤玉土」である。これを直径が22ｃｍ、深さが30ｃｍくらいの円筒形の容器に詰め、一番下と真ん中あたりと表面に近いあたりに銅板の電極を置いて、これで電位を測ってみた。念のためにと思い、同じ（はずの）ものを3つ作って計測をした。この結果を、下の図に示してあるが、驚いたことに、結果が同じにならなかった。

一番底の電極を基準（０ｍＶ）にして、

①上（12・1ｍＶ）下（85・5ｍＶ）

②上（101・1ｍＶ）下（43・2ｍＶ）

③上（69・4ｍＶ）下（44・4ｍＶ）

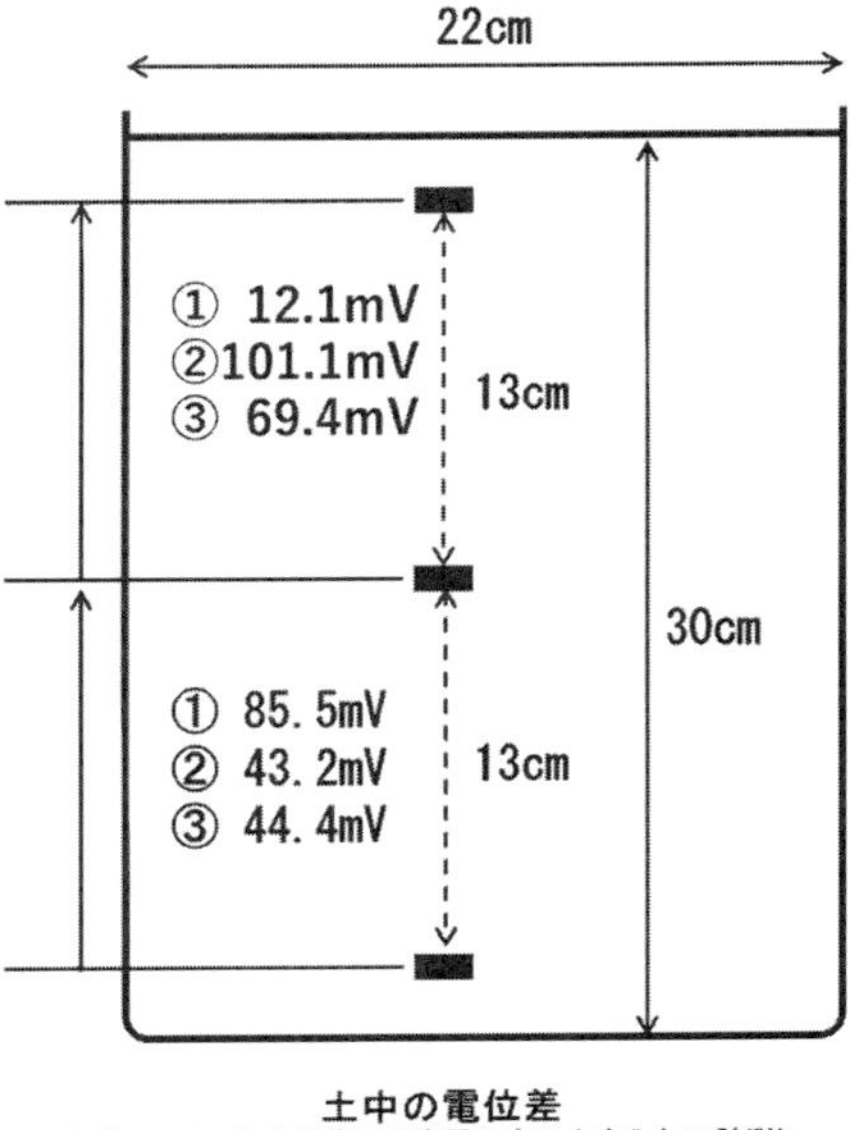

土中の電位差
（プラスチックの円筒形の容器に赤玉土を入れて計測）

となってしまった。問題なことは、①では、上半分の部分で電位の逆転が起こっている。②と③でも、上半分での電位がかなり違っている。なぜこういうことになったのかはよく分からない。本来であれば、徹底的に究めるべきだったかもしれなかったが、この時はあまり余裕がなく、事実を記録するだけにとどめた。

実は、土の電位以外にも、いろいろなものを計ってみた。水の酸化還元電位、植物体の内部の生体電位の変動や磁気の変動など、広範囲の測定を行ったことがあるので、後で、この楢崎の土の電位測定の話を知って、なるほどと思ってしまった。

こういう部分の計測を他にやった人がい

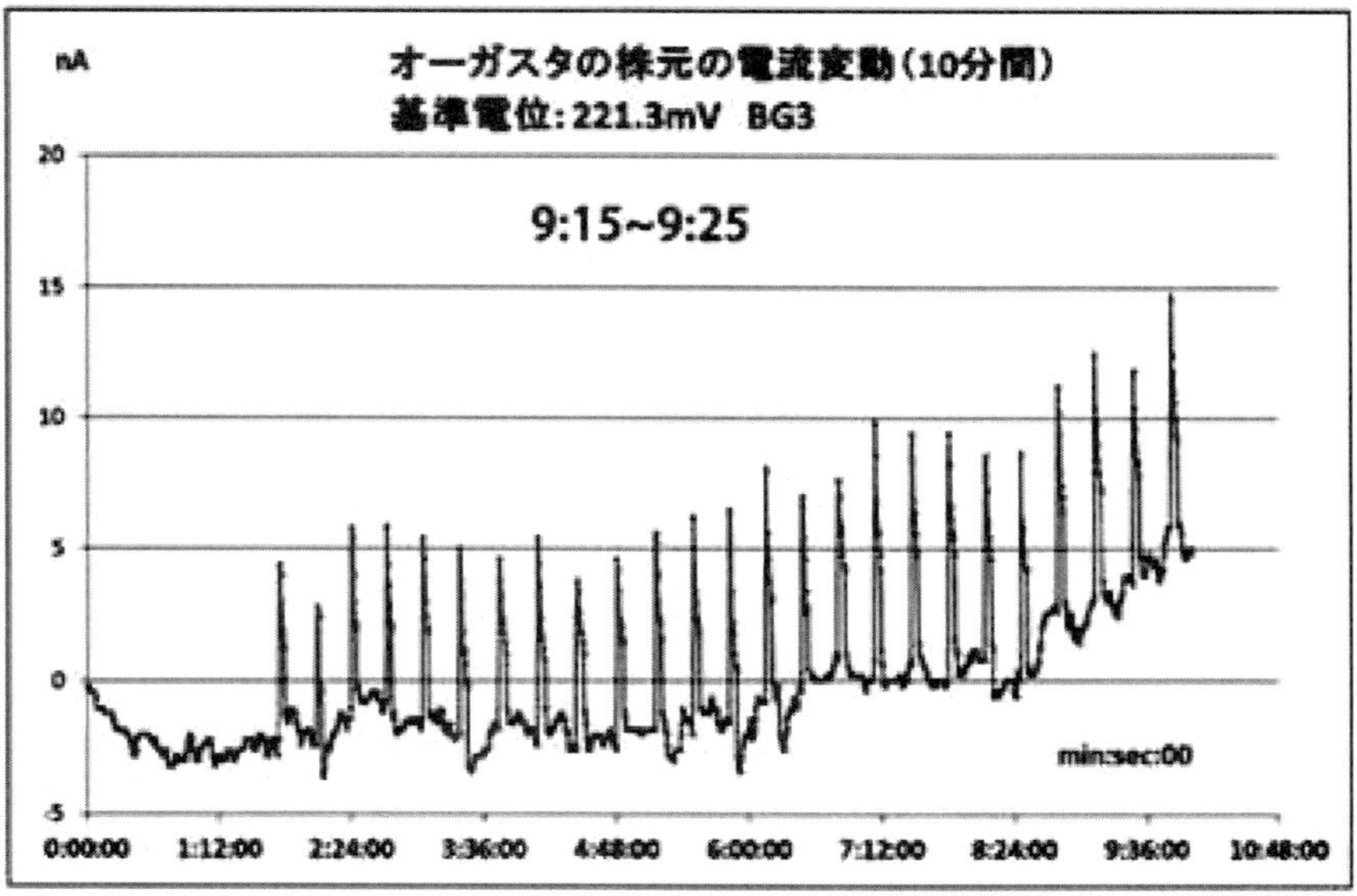

ないので、世の中には知られていないが、実は、とても面白い世界が展開しているように私には思える。

ちなみに前のページのグラフは、私がオーガスタという観葉植物の茎に電極をセットして計測したときに現れた電気信号である。これは、植物に負担を与えないような特別な工夫をしたときに現れた信号で、定常的な信号ではなく、非定常的な信号で、あたかもオーガスタが私に何かを伝えようとしているかのようだった。

ヴィクトル・シャウベルガーとニコラ・テスラ

世界的なスケールで見たときに、非常に大きな科学上の貢献をした人というのは多くいるのだが、やった仕事が、必ずしも正当に認知されておらず、評価がされていない人というのもいる。仕事自体の詳細が残っていないということもある。楢崎皐月は、まさにそういう一人だが、こういうことは彼だけに起こっているわけではない。私の知るところでは、この部類に入るのは、ヴィクトル・シャウベルガーとニコラ・テスラである。

シャウベルガーというのは、オーストリアで活躍した「水の魔術師」とも言われた人で、自然界の洞察から水の螺旋運動に秘密があることを見抜いて、多くの装置を産み出した。森を守る森林官から出発して、多くの農業用の独特の技術を発明している。彼の発明したものは、螺旋運動が自然界から引き出してくるエネルギーを利用するもので、唯物的な科学の産物だけではないところに特徴がある。その時に、水が大きな役割を果たし、彼は、この発明を直感的に行った。だから水の魔術師なのである。そして、ある時彼はマスが滝を登るのを見て、そこに重力に逆らう力が発生していると直感する。マスの体の側面を流れる水の中に発生する螺旋流が影響すると考えたのである。そして、晩年の彼は、ここから反重力装置の研究を始めるのだが、この頃ちょうど第二次世界大戦に突入した時期で、彼の研究所はナチスに接収され、この研究が敗戦後に連合国側に渡ることを恐れたナチスが、終戦の直前にシャウベルガーの研究物をすべて破壊してしまったのである。シャウベルガー自身は生き残ったが、その後アメリカに連れていかれ、技術提供を求められた。彼は協力しなかったが、この時に体を壊し、帰国後に亡くなった。だから、この研究は復刻できなかった。まあ、こういうところに関しては、楢崎は、遥かに老獪なところがあったということだろう。

もう一人は電気の魔術師と言われたニコラ・テスラである。テスラは１８５６年に当時のオーストリア帝国の中の今のクロアチアで生まれたセルビア人で、後に彼はアメリカに渡り、電気の交流方式を発明した天才発明家である。当時は有名な発明家としてはエジソンがいたが、エジソンが発明した電気の方式は直流であり、この直流方式と激しく対立した。ナイーブに考えると直流の方が理解しやすいが、純粋に技術的な立場で見ると、交流方式の方が優れていた。というのは、交流の電気は変圧器を使って簡単に電圧を上げることができ、遠くに電気を送るには電圧が高い方がエネルギーのロスが小さいので有利だったからである。

アメリカで三大発明家というときは、エジソンとフォードとバーバンクの３人を言う。

確かに、電気をエネルギー源として使用できるようにしたのはエジソンであり、エジソン自体が大発明家であったということは疑いのないことだろうが、テスラは、その陰に埋もれてしまった感がある。そして、もうひとつ、テスラが表舞台で有名にならなかったのには理由がある。それは、彼が、一般の人には理解ができないようなものを手掛けていた変わったところのある発明家で、テスラコイルであるとか、無線の送電システムのようなものは、当時の人には、意味不明だった。そして、彼は、そういうものに没入していくようになって、周りの人とのコミュニケーションがおろそかになったということがあった。まあ、言ってみれば、どこまでも、自分の関心のあることを探求し続ける人であったと言った方がいいかもしれない。

テスラというのは、磁気を計るときの単位で、正確には「磁束密度」というが、この単位にテスラが、後年になってから採用されることになった。物理の世界で、こういう物理量の単位に名前が冠されるというのはすごいことで、そういう人は、何人もはいない。だが、これは、もちろん、彼の晩年の研究が評価されたというわけではない。つまり、テスラは、最終的には、発明家というよりは、科学者として評価されたということである。

ちなみに、テスラコイルというのは、どういうものであるかというと、一次側で起こした放電を巻き数比が非常に高いコイルで昇圧して、二次側に非常に高い放電電圧を産み出すというもので、これが、何の役に立つのかは明らかでない。私の観る所では、放電というのは、それ自体が、その中に不特定の多様な周波数の電流の変化を含んでいて、この多様性が、周りの自然界や生命系に、いろいろな影響を与えるのではないかと思っている。逆にいうと、一般に送電に使われている50〜60サイクルの交流は、あまり良い波動を持っていない。最近の電子機器は、いろいろな電磁波をまき散らしているが、こういうものも、あまり良いものではないということがある。それに比べると、自然界に存在する落雷の持つエネルギーは悪くない。こういう放電系のエネルギーが、どういう力を持つのかということが、今の科学では、文字通りの意味以上には明らかになっていないが、個人的には、そこにもっと何かがあるような気がしている。晩年にテスラが何をやっていたかは、はっきりとはしていない。外から見るとマッドサイエンティストのように見えるようなところもあったかもしれない。そして、この晩年の研究は、封印されてしまったということのようである。

このテスラが楢崎と比較されることがあるのは、頷けるところがないわけではない。何をやったかということで言うと、分かっていないことが多く、その意味では神秘のベールに覆われているようなところがないわけではない。時代性ということもあって、未来の科学につながっているようなことをやっていたのかもしれないという意味での共通性があるのかもしれないという気はする。ただ、テスラに比べると、楢崎の方が、同じ天才とは言っても、はるかに人間味に溢れていて、人間が分かる人であった。テスラは、人間関係は得意ではなくて、研究そのものに没入するタイプであったからだ。

楢崎皐月の科学者魂

私が楢崎皐月に感じるのは、真の意味での「フロンティア・スピリット」であり、「科学者魂（カガクシャダマシイ）」である。科学者魂とは、そもそも何なのかということであるが、それは、科学者というものが持っている魂の本質と言ったらいいだろうか。それは、未知なるものを探求せんとする心である。仲間に対する優しさである。この宇宙というものに対する畏怖である。そのために自我を超えたときに、科学者魂が現れる。自らの自己顕示のためになす研究は科学者魂の発露ではない。自我のためになすものも科学者魂とは言わない。科学によってお金を追求してはならない。科学によって名誉を追求してはならない。科学によって人を支配してはならない。それは、高貴な愛のための表現である。

科学は、科学というだけのことに留まらない。科学的真理は、大いなる神の摂理の中にあるからである。根源的な存在の力の中にあるからである。科学というのは、この宇宙を見るときの一つの物差しであり、それを科学的認識というのである。科学的認識というのは、根源的な神の愛のエネルギーの外にあるのではない。内にあるのである。

そして、私が楢崎皐月の魂の中に見るのは、彼の純粋さ、おおらかさ、そして、ものごとをどこまでも究めようとする思いである。科学者魂というのは、決して、何かを工夫して作り出すための技術の源泉というだけではないのである。多くの人を助け幸せにしたいと願う思いなのである。それがなくては、どのような技術も意味がないし、逆に、その技術を思いつくことができないのである。私たちは、孤立して生きているのではない。それは、この世においても、あの世においてもそうである。多くの仲間が力を合わせるということにおいて実現されるものがあるのである。

どのように優れたものであっても、一人だけで何かを成すことはできない。何かを成すのは、多くの人の助けがいる。協力がいる。誰かが命令をして、誰かが従うのでは、そこに力が生まれてこない。高次のエネルギーの共鳴が起こらない。多くの人が手を取り合って、ひとつの理想に向かう時に起こることがある。それをカタカムナでは「共振」と言ったが、これは、一人一人の人が持つことのできる心の思いの共鳴であり、元なる存在へと還っていくということをそれは意味している。

なぜなら、すべての人が、ほんとうは、それぞれに神のような存在であり、独立に思い行動することを許されている。カムの存在なのである。その中で何を選び取っていくかということが課題なのである。課題と言うと、何かしばられているような気がするかもしれない。しかし、そうではないのである。それは、自ら目覚めなくては見えないものがあるということである。人に目覚めさせられるのでは、意味がない。自ら気づいて目覚めることにより、開けてくるものがある。それは、思いの次元というのは、それぞれのものであって、人の「ふんどし」で相撲はとれないのである。自分で目覚めた分だけが自分のものになる。これは、少しずつやるしかない。自分で登れる階段を一段ずつ着実に登っていくしかないということである。

楢崎皐月との架空の対話

ここでは、少し空想的ではあるが、楢崎氏と私が対談したという仮想のシチュエーションで、対談を試みてみたい。もちろん、こういう対談が実際に行われたわけではない。架空の話である。こういうことをするにはには、あの世とこの世を結ばなくてはならないからである。

板野：楢崎先生、今日は、お越しいただき、どうもありがとうございます。先日来、先生の「炭油」の本を読ませていただき、とても感じることが多かったのですが、今日は、そのことを少し深めてみたいと思っていますので、よろしくお願いします。

楢崎：こちらこそよろしくお願いします。あなたと、このような形で一緒に仕事ができることを光栄に思っています。

板野：まず、先生の思いというものの中に、「科学者魂」というものを感じてしまったのですが。あの戦争が始まる前の時期に、日本では、石油が足りなくなってきて、その時代に、国策で動いていた人たちも多かったわけですが、先生は、国のお金は使わないで、石油を作ることを考えていたわけですね？

楢崎：そう、私は、常に多くの庶民の目線で何をすれば役に立つのかを考えていました。そして、当時、日本は大変困った状況に陥っていました。アメリカの政策で、日本は石油が手に入らなくなり、人々は非常に困っていたということです。私は、基本的に科学者です。科学者たるもの、そういう苦境の時にあって、如何にすべきかというのは、その技術において答えを見つけないといけません。

やはり、人間は生きていくにはいろいろなものが必要なのです。そして、国が国としての方向性を模索している中で、何が自分にはできるのかを考えました。国と一口に言っても、国を動かしている人にはいろいろな人がいて、その思いをひとつの方向にまとめていくのは簡単なことではありません。それに、科学というのは、集団として集まって、そこにお金をかければ何かが出てくるというわけではありません。

新しいアイデアとか創意工夫をするのは個人です。個人の自由な発想や努力の中から生まれてくるものが大事なのです。ここを間違えてはならないということです。

「科学者魂（かがくしゃだましい）」という時には、私自身のこともありますが、私のもとに集まっていた若い多くの方々のこともありました。そこには、志を同じくする「同類」のものたちがいたと言ってもいいでしょう。やはり、「科学者魂」の基本は、いかにして人の役に立つものを生み出していくのかということです。そこに他意はないし、皆が純粋な思いで働いてくれたということです。そういう人たちが多くいたということです。

西欧の国、特にアメリカには、当時、純粋な思いだけではないものがありました。そういう中で、日本人は、あまりにも無邪気でナイーブでありすぎたかもしれません。

私には、しかし、そういう中にあっても、ひとつの理想がありました。それは、科学の力によって、人々を幸せに生きることができるようにしていきたいということでした。そして、そのためには、まず身の回りの人々が何を必要としているかを知って、そのために科学を使うことでした。

当時、石油を石炭から作るというのは、国策で進められ始めていました。政府の意図するところは、庶民のためというよりも、日本の軍事力のために、まず、石油が必要であるというところに主眼がありました。私自身はどうかと言うと、庶民のためにこそ、石油を少しでも供給する必要があるだろうということでした。幸いにして、私の思いに賛同して援助してくださる方もいたのです。日本は、そういう国であったということです。

だから、私達は国策で動いておられる方たちとは別に石油を作ってみようということになったのであります。実は、私には、勝算がありました。それは、根拠のない自信といえばそうかもしれませんが、できそうな気がしたのです。今は、あの世に帰っていて当時を振り返ってみると、私を支援してくれていた仲間たちが、上の世界にも多くいたということが分かりました。そして、当時やれる技術を使って、私は石炭から石油を作る方法を仲間たちと一緒に生み出しました。独自のやり方を取ったのは、私には私の信念というか、自信があったからです。そして、石油が出来上がりました。そして、私たちは、多くの庶民の方に、その石油を提供しました。

ほんとうは、私の方法を国の石油製造の方法として採用していれば、もう少しスムーズに行ったでしょうし、お金もかからなかったはずですが、それはかなわぬことでした。あまりにも方法が違っていたので、当時の研究者や技術者は、それが理解できなかったのです。

今でも、こういうことは多いのですが、科学というものも、その世界観というか、理解の枠組みを共有するということが簡単ではないところがあるからです。私の例は、そういうことのひとつのサンプルになってしまったかもしれません。そういうことも含めて、そろそろ、あなたに解説をしていただくことのできる時期になってきているかもしれません。

板野：なるほど、そうですね。まさに、そういうところがあると思います。科学という面から見ても、この今の科学的な方法論というか、科学の世界観がすべてではないかもしれないし、これから、いろいろなものが出てくると思います。

ひとつ、放電についてお伺いしたいのですが。楢崎先生が炭油の時に使われた放電というのは、どういうものだったのでしょうか?

楢崎:それは、あなたには、すでに理解されているように思いますが、いくつかの説明が必要です。それは、ひとつは、どういうふうに放電を起こすかということで、そこに現れるエネルギーに違いが出てくるのです。放電を起こす仕掛けというものを工夫して、放電のエネルギーそのものを調整する必要があるということです。放電であれば何でもいいというものではありません。私は当時何種類かの放電を使いました。それと、放電というものから何が起こるかということです。当時すでに高いエネルギーを持つ輻射線というものは、いくつも発見されていましたが、化学用のプラントの中で手軽に使えるものとして、とてもプリミティブな道具としては、私の使った放電が、一番シンプルで安全で扱いやすかったということであります。

そして、そのエネルギーに物質が触れることで、その物質の活性度が上がるということを目の当たりにしました。当時の常識的な化学の手法は、システムを高温で高圧の環境に置くというもので、ドイツでは、そういう方法が使われていましたが、それは大変な装置が必要で、危険もありました。この意味でも、安全で安く作るには超高圧や超高温は避けなくてはならなかったのです。私たちがそれをやるのは、お金もかかるし、危険もあったからです。

お金を出してくださる方がいたのは確かですが、私達の試みは、あくまで民間ベースであり、無限にお金があるわけではありませんでした。実用的に動き得る、ひとつの工場設備として、いかにコストを抑えて、現実的な制約の中でやるのかという制約がはじめからあったということです。

そして、そういう困難があるときに、「科学者魂」が燃えるのであります。アイデアが大事なのであり、いかにして実現するかという時に、それを現実的な条件の中で整えていく、そこに醍醐味があるということです。そして、それが私達だったということです。

無尽蔵のお金を用意し、そこにただ、技術者を集めれば、真に新しいものが生まれるのかというと、そういうことではないということです。そして、そういう醍醐味を、私達は味わうことができたということで、幸せであったと言ってもいいのかもしれません。

板野：なるほど、とても興味あるお話を聞かせていただきました。私にも、ある意味では、経験があるようなことであり、よく分かります。今日は、どうもありがとうございました。

楢崎：私のほうこそ、このような機会に恵まれ、うれしく思っております。必要があれば、いつでもお呼びください。

いかがであろうか？　こういう対談があってもおかしくはないかもしれないと、実は思っている。亡くなっている方の魂は消えてしまっているわけではないからである。

科学的認識について

最後に、楢崎皐月という人とカタカムナの関係について語ってみないといけないだろう。カタカムナというジャンルのものと楢崎のような科学者というのは、一見結びつかないところがあって、これは特異な関係性であると言っても過言ではないだろうという気がする。楢崎が異能の科学者であるということも普通ではないことなのだが、それでも、それとカタカムナの間にはかなりの距離があるからだ。そういう意味では、私自身が、なぜスピリチュアルな分野に手を出しているのかというのも不思議なことで、私自身、その意味では楢崎に親近感を感じてしまうところがないではない。

楢崎とカタカムナについては、２つの特異性がある。そもそも、なぜ楢崎がカタカムナに取り組むことになったのかというのも、普通では考えられないことだが、彼がカタカムナに関して科学的な解釈をしたということも、これも普通ではないことである。

一言で言ってしまうと、直感というものがあって、それが本物であるということを魂が感じてしまうようなことがある。ビリビリっと感じるようなものがあり、そういう感じがすると、やらずにはいられなくなるのである。そういう気持ちは、私にも分かるような気がする。

楢崎も、恐らくは、そういうものを感じて、普通なら入らなかった世界に足を踏み入れてしまったのだろう。だが、それは、偶然の成り行きではなくて、必然の結果であったかもしれない。普通の人がカタカムナを解読したとしても、デコードはできても解釈はできなかったかもしれない。それに、楢崎のやった科学的な解釈は、独特のものと言わなくてはならないだろう。

これは、何なのかというと、これは科学的認識という認識が入っているのである。科学的な認識と唐突に言われても何のことか分からないかもしれない。そういう言葉自体が、今の世界観の中にはない。だから、ここでは、科学的認識ということについて、まず、説明をしなくてはならないだろう。これは、ここ数年、私が目に見えない世界のことを書くのに使っている認識法である。

楢崎は、無意識に、これを使っているように私には思える。カタカムナの解釈として出てくる潜象界とか現象界というような世界の区分は言うに及ばず、カタカムナの世界観の体系は、高次世界のエネルギー論として私が使っている世界観によく似ているのである。もちろん、彼はこれをカタカムナの解釈をしながら独自に創り出していて、こういう世界観というのは、自明ではないところがある。古事記の中には、日本の神様が登場するが、それをどう解釈するかと言うのは、神話を科学するしかない。

科学的認識というのは、科学的に実証的な検証をするということでは必ずしもなくて、科学の言葉と思考法を借りて、目に見えない世界を理路整然と説明することなのである。対象が愛とか智とかというものであっても、それを神秘的な言葉で語るのではなくて、科学的な言葉で表現することもできる。例えば、愛とはあらゆるものを生かそうとするエネルギーであるというような言い方をするとすれば、このエネルギーという言葉は科学の概念なので、これは科学的な表現であるとも言える。宗教とか哲学の中で使用される言葉というのは、科学的な言葉を使って説明することもできたりする。

まあ、これは、ほんとうは真実はひとつのものでしかないものを、別の角度から見ているだけであるというようなところがあり、そんなに不思議なことではないのかもしれない。ちなみに、私は、神は存在のエネルギーであると言っている。

こういうことは、今の科学の世界にいる科学者にはできないだろう。目に見えない世界には手が出せないからである。唯物的な世界観に束縛されているのである。楢崎に、これが為し得たのは、彼が、既存の科学の世界観に縛られていなかったからであるが、逆に、科学的な思考ができなければ、科学的な認識を使うことができない。私には、それがよく分かる。

こういうことになったのは、いくつかの理由があって、もちろん、結果論だが、大学に行かなかったのがいい方向に働いたということがあるだろう。満州で、ラオサンという道教の導師に巡り合ったのも大きい。製鉄所の仕事をしているときに、イヤシロチというものを見つけたということのインパクトもある。戦後に、独自の研究をする中で得た洞察力もあるだろう。そして、カタカムナの図象符を見せられた平十字という謎の人物のインパクトというものもあったかもしれない。そして、彼は、そういう土台の上で大転換をした。それが、カタカムナを取り上げたということであった。

まあしかし、科学的な認識力というのは、一代の学びで身につくような簡単な力ではない。その人のアワ量が関係し、それもアワ量の中に、この認識力が入っていないといけない。はっきり言って、生まれる前から持っていた力と考えなくてはならないだろう。大学で専門の勉強をしたからと言って、この力が身につくとは限らないからだ。普通は、限られた世界観の中でしか、ものが考えられないものなのである。この意味で、楢崎は、ほんものの「科学系の魂」であるような気がする。それも、かなりの実力のある方だろうと私は思っている。

インスピレーションの実体

まあ、ここまで来ると、この科学的な認識の話をもう少し突き詰めておかないといけないだろうという気がする。それは、こういう認識をするときには、必ずインスピレーションが働くものだが、これが何なのかということである。カタカムナでは、インスピレーションによって思いつくことを逆序のサトリというのだが、この逆序のサトリとは何なのかということでもある。もちろん、表面的に見れば、逆序のサトリというのは、論理的なつながりのないところで、突然、全く新たな認識が生まれることで、ただ新しいというだけではなくて、それは、非常に重要な、ものごとの革新をついたようなアイデアとか見解が頭に浮かぶということで、実は、これがなくては、科学に進歩はないと言ってもいいかもしれない。

そして、当然のことながら、楢崎はカタカムナの解読と解釈をする中で、多くの逆序のサトリがあって、あのような成果を持ち得たということである。では、この時に何が起こっていたのかということである。これは、情報を送って来る存在が上の世界にいるのである。それは、自分自身のハイヤーセルフかもしれないし、霊的なガイドかもしれない。そして、そのときに大事なことがあって、この情報は、受け身で受け取るのでは、受け取れないのである。自らも、とことん突き詰めるという姿勢というのがあって、かつ、そのインスピレーションというのは、その人に分かることとしか受け取れない。まさに、認識力の範囲でしか受け取ることができないのである。分からないのである。

カタカムナは、表面的には神秘的に見えるかもしれないが、こういう符号で表現したものであれば、誰かがコーディングしたのである。もちろん、コーディングした人たちが、宇宙の真理に通じていなければコーディングはできないし、したがって、恐らくコーディングがされたときにも、多くの叡智の指導があったということだろう。そして、その時に科学的な叡智も、カタカムナの中にコーディングされた。そして、それを楢崎は解読し、解釈した。これを素直に見るなら、楢崎が、カタカムナの中から読み解こうとするものが何なのかを教えてくれる存在が上の世界にいて、協力してくれたということを強く示唆している。こういう仕事の仕方は、天才というレベルの人が仕事をするときに起こることであって、だから、常人にはできないことが可能になる。まさに天地人であると言えるだろう。

カタカムナの中には、何重かの智慧が隠されている。隠されているというか、コーディングされている。宇宙の摂理とか真理のようなもの、いかに生きるべきかという人類に対するガイド、科学的な真理、そして、本物であるものが持っている力、高次の世界からくる生かす力など、他にもあるかもしれないが、それは、単なる情報だけではないものがあるということである。

著者プロフィール

板野肯三

１９４８年岡山生まれ。東京大学理学部物理学科卒。理学博士。専門はコンピュータ科学。筑波大学システム情報工学研究科長、学術情報メディアセンター長、評議員、学長特別補佐を歴任。現在、筑波大学名誉教授。専門のコンピュータ科学の研究のかたわら、自然や科学全般に幅広く関心を持って活動し、研究室で一粒の種から５００本以上の茎を出す稲も育てた。ソロー学会の会員。アクリル画や水彩画を手掛ける画家でもある。コスミック・フルート、エドガーケイシーのウエットセルのエンハンス版、セラミックのピラミッドの製作など、科学とスピリチュアルの両面に軸足をおいて活躍している。

著書

『地球人のための超植物入門』『いま霊性の目覚めのとき』『女性性と日本の精神性』『自由と発展の本質』『科学からの存在と認識』『樹木と森の精霊たち』『自然農法とは何か？』『シュタイナー論』『体と病気と健康』『スピリチュアルアート』『酸化還元電位に映る水の心』『セラミックとピラミッドとコスミック・フルート』『オーガスタとのコミュニケーション』『おかねのはなし』『新型コロナウイルスと地球の温暖化』『ホメオパシーとフラワーレメディー』『地球人のための超科学入門』

参考文献

『炭油』、栖崎皐月、大日本炭油工業株式会社、１９４０年5月３１日印刷。

『水の魔術師（The Water Wizard）（英語版）』、ヴィクトル・シャウベルガー（カラム・コーツ翻訳）、グリル＆マクミラン、１９９７年出版。

『エネルギーの進化（The Energy Evolution）（英語版）』、ヴィクトル・シャウベルガー（カラム・コーツ翻訳）、グリル＆マクミラン、２０００年出版。

『魔術師：天才ニコラ・テスラの生涯と時代（ Wizard - The Life and Times of Nikola Tesla Biography of a Genius）（英語版）』、マーク・サイファー、シタデル出版、１９９８年出版。

人造液體燃料の構想（其の一）

大日本炭油工業株式會社
專務取締役　檜崎皐月

勝利は石油に依つて獲られ、國防力は石油に依つて制せられて居る事は、今回の世界戰爭に於ても、前回の場合と同樣である。

國防資源は、石油のみに限らぬ事は勿論のことであるが液體燃料が現代文化に於て最も利用度の高いエネルギー源であり、又威力的兵器が何れも液體燃料と不可分的關係を有する爲に、各國共に石油の確保に重點的努力が拂はれて居るのである。而して石油の賦存狀況が世界列强に不均等に分布せられて居る事の爲に、列强間の爭鬪を誘發し、近代世界戰爭の底流が石油資源の支配權獲得に根源する事象が考察せられるのである。

從つて、石油資源に惠まれない日獨伊の樞軸國に於て、液體燃料の人造といふ事が最も眞剣に考慮せられて、積極的努力を傾注して居ることは、極めて當然のことであるが其の企業の構想に於ては變遷の速かなる世界情勢に對應し得る如く、常に人造液體燃料の負荷力を國防上效果的に保持し置く事が最も肝要である。今般獨逸の戰略的作戰が石油資源支配の線に沿つて展開せられながら、其の戰力維持に對しては大部分人造液體燃料の負荷に依つて居る現實は既に企業の目的を達したものである。

昭和十二年我國に於て周知の如く、人造石油事業法及び帝國燃料興業株式會社法が制定せられ、帝燃會社の設立に依つて、人造石油事業の興業が企畫せられたのである。而して其の技法は、主として獨逸の模倣であり、我國獨自のものは餘り顧みられること無くして人造石油五ケ年計畫が樹てられ、昭和十七年度に於ては獨逸の實力に接近し得ることが表明せられ、豫想せられたのである。國防的技術に關する限り樞軸國獨逸に於ても其の技術の勘所は祕匿せられることある可きは當然であつて、寧ろ輸入技術に追隨することが、彼我の能力に差を增すことさへあるを慮ふとき人石事業五ケ年計畫の現況が所期の計數に甚だ及ばざることなきかを憂ふるものである。

過日獨ソ開戰後の閣議に於て滿鐵事業の油母頁岩の乾餾製油施設の擴充に重點的資材配給決定の件が紙上に報ぜられた。滿鐵其他帝

人造液體燃料の構想（鉱業評論：1941 年掲載）

8 月（p.12 ～ 16）、9 月（p.11 ～ 14）、10 月号（p.102 ～ 105）

燃會社系統の諸企業が實施した水添直接法や瓦斯合成法等に依る人石工場が、今日の如く大規模的に人造石油増産を要望せられる時機に於て、大擴張を爲し得ざるは、獨り技術のみの問題で無く、我國情の然らしむる事は首肯し得るが、人石事業企業の當初に於て、人造液體燃料の將來を豫見し、又我國情の變換要素を正確に摑む知性ある構想に基かざる證左である。

我國鐵鋼生産の例に徴するも、最近に至るまで、製鋼原鐵はスクラツプに依存した爲に、過般米國よりのスクラツプの禁輸に相遇して鐵鋼受難を招來した如きも、製鋼生産企業の構想に於て弱點を内包して居つたのである。鐵も、油も、共に國防資源の重要品の生産企業に於て優れた構想を持たぬといふことは甚だ憂慮すべき事である。

我國に於て、國内石油産額が平時需要の一割以下であつて、主量を輸入に仰いで居つた關係上、夙に液體燃料自給に關する國策が樹立せられて居つたのである。即ち、昭和二年以降國内油田開發の爲、試掘奬勵費が支出せられ、昭和九年には石油事業法を制定して石油業を統制し、貯油義務制を設けたのである。又石炭類の低溫乾餾工業の保護助成策の實施を行ひ、昭和十二年には人造石油事業法を制定し、帝國燃料興業株式會社を設立して人石事業の興業に努め、其他アルコールの專賣及アルコールの強制混和等適當なる計畫が實施せられたのである。其等の大要を列記すれば次の如くである。

（一）、石油の増産

1、國内油田の開發　2、海外油權の獲得及輸入増加　3、國内貯油義務制實施

（二）、石油の消費規制

1、石油代用燃料の奬勵　2、燃料の品質改善と其合理的使用　3、機關の性能向上と其合理的使用

（三）、人造液體燃料の製造

1、石炭類の水素添加に依るガソリン製産　2、瓦斯合成に依るガソリン製産　3、石炭類の低溫乾餾に依る輕質油回收　4、油母頁岩の乾餾に依る製油　5、アルコール類の合成　6、天然瓦斯よりの收油　7、アセチレン誘導に依るベンゾール製産　8、其他の液體液料の製造

以上の如く、概括的には總ゆる手段を構じようとする構想であつて、一應は合理的に觀へるのであるが、其の計畫遂行に際して原料、電力、資材、勞働力其他との關聯に於て合目的前提的企畫が不充分なる爲に、例へば石炭液化に供せられる原料炭の生産力、輸送力、化學機器類の製造力等の綜合性に缺くるものであり、又アセチレン源カーバイド生産の爲の電力配給に關する不用意等、策定に一貫性が無い構想であり、人石の豫見に對しては全く知性が認められぬのである。

獨逸に於ける人造石油の成功を以つて、一般に思考せられる如く、我國の斯業に好例を示したものとして、この上彼に追隨することは大いに警戒を要することと信ずるものであつて、前述の如く獨逸は人石企業目的の成果を既に收めたものであり、彼の構想に於ては、人造液體燃料事業の終幕が近いことである。筆者の勘に於て然か思はしめるのである。斯のことは、石油資源を支配し得るからでは無い現在世界の石油資源も短い限度の生命であることは、一般に諒知せられる所であり、比較的長期生命の石炭を液化する事業の前途は洋々たるものであることに異論は無いのである。然し乍ら、獨逸の科學構想の指向する所は、最早や液體燃料をエネルギー源とする事では無い。恐らくは、質量エネルギーの活用、又は電子の應用へと進展することであらう。又地球化學力を應用する大規模的炭酸循環の變換も、液體燃料の本質を改變せしめるであらう。要するに、人造液體燃料を國防上に役立たしめんとすることは、獨逸に於ては、十五六年前の構想に據るものであつて、今後十年の變遷に備へる爲には他に所期するものあるを察知す可きである。斯る見解は我國の人造液體燃料工業を抑制せんとする意圖では無いのであつて、現在の遅れを速かに取戻すと共に、斯業をして國防上の負荷力を强大ならしむる爲に、適切なる企畫上並に技術上の優れた構想を廣く一般から求めんとする念願に他ならない。

元來、我が國人は科學識を以つて分析し綜合することよりも、事物の根柢を本能的に、正確に摑むことの出來る知性に於て、獨逸人よりも優越性があるのである。従つて、人造液體燃料興業を目的とする爲に、無能な模倣や統制を强化する事よりも、廣く新工業技術の出現を奬勵し育成することに努めるならば、現在の遅れも、速かに取戻し得る如き優れた構想が愛國の熱情を伴つて活性に出現する事であらう。

知性とは、一般から特殊性を歸納し、特殊性から一般性を歸納せしめる性能であつて、科學者が科學識に富んでも、科學知性に富むとは限らないのである。我國に於て空氣、電氣、病氣といふ言葉には包藏する共通事象を捉へて、氣といふ文字を適應せしめたことは近代理學の科學識を、一般に科學識の低度であつた當時の人達が洞察し得たのであつて、今日の科學者にも優る科學知性が内在して居つたことに依るのであらう。

優れた獨創的構想は、高度の科學識と、深徹の科學知性とが相互に作用して出現すべきことは勿論であるから、爲政者は適切なる方法に據つて兩者の提携を策す可きである。

最新の理學は宇宙的環境の因果に關する哲學と、物質の構造に關する微視的觀察より歸納せられた知見とに依つて新たなる根柢の下に展開せられて居るのであつて、漸次工學上にも相應せられ、工業にも斯る新工業技術が發生せら

—(14)—

れ來つたのである。然るに、獨逸が我國に模倣せしめた人造石油工業の技術には、熱量的熱化學並に觸媒に依る接觸化學であつて、新らしき理學知見の取り入れ方が不充分なる様に觀せられるのである。獨逸が威力的效果を奏する方式に於ては、設備の一部に祕匿せられる處理部分が附加せられてをつて、例へば、放電化學を行ふ部分或は短波長輻射線化學處理部分、又は放射能化學處理、或は又宇宙線滅速處理に依る化學處理部分等特許に示されない效果的方法が添加せられて居る様に勘へられるのである。

吾々が化學に於て最も慣らされた熱量的熱化學以外に、光化學の如き輻射線化學の領域が存在するのである。光線が生物體に及ぼす化學作用は多種多様性のものであつて、其等の機構は未だ一般に深く研究せられて居らないのである。最も深く知られて居る光線の同化作用に於てさへ、永い間純化學の問題として取扱はれ作用の起る生物媒質の役割を甚だ間違つて解して居つたのである。而して未だ同化作用の説明も滿足なる解決が無いのである葉綠素が、增感の役目を爲して、炭酸瓦斯と錯化合物を作り、フォルムアルデヒドが中間生成物として生じ集合して澱粉質を造るのであるが、炭酸瓦斯が光の一次反應に參與するか、二次反應に於て還元せられるか、未確定の様である。物質が光輻射を吸收した時、其の一部勢力は物質の化學變化に參與し他の一部勢力が物質の熱發生に參與する場合が多い事が認められるが、光化學の機構は未だ判然しないのである。筆者が讀者の注意を指摘せんとすることは、自然界の植物が同化作用に依つて、炭酸瓦斯と水とを攝取して榮養と爲し成長して植物油を作る。即ち炭化水素化合物を生產して居る化學作用は、熱に依る化學では無いことである。又動物が植物質を攝取し光線に依つて榮養と爲し、油脂類を生產することも熱によらざる化學作用であることである。

地殼内の天然石油の成因は、人造石油の構想に如何なる暗示を與へるか検討することは決して無益ではあるまい。天然石油の成因に就いては其の礦床現狀より地球深部に於て初成的炭化水素の瞬集せられたものである。とする無機成因説と石油の化學構成上より、又は地球分留の見解から生物化學的根源を有する礦產物であるとする有機成因説とがあるが、地球化學の上では有機説が殆んと定説となつて居る。有機説に從へば油脂類に富む動植物が、先づ腐敗し、又は醱酵して、蛋白質や纖維素質を失ひ殘溜した油脂が分解して脂肪酸とアルコール酸とになり、炭酸瓦斯や、水分子を脱抑して高位炭化水素を生じ、更らに分解せられて液體炭化水素が生成せられて石油となるとの見解がある。其の生物質の根源に就いては、多少の異説があり魚類を主要なるものとする説、又は花粉胞子説或は浮游微生物プランクトン等を其の根源とするもの等である。石油礦床は地質學上からも海底であることが認められるのであるから、石油の根源に海洋に於ける浮游微生物と海洋魚類とに歸するであらう。其等

—(15)—

生物質の殘滓が、海底の泥中に集積して腐泥となり腐泥層の下部はゲル狀の炭化水素物に移化するのである。然し石油は腐泥層が母層であるが、其儘では液狀に變化せざるものであつて、地殼變動の際腐泥層が地下に移動し地下數百米の深度（地熱溫度攝氏六〇度―七〇度）に達したる當時に於て、液體石油の生成作用が終了し、次いで流體移動や數次的地殼現象で更らに深部にも移動せられる場合があるのである。地下數百米の深度と推定せられるのは、腐泥より由來して、石油中に共存する窒素物又は無機物の分解溫度等から考察せられる所に據るものである。

石油の組成は炭化水素を主成分とするのであるが、世界何處の原油中にも窒素物が共存して居るのであつて、主としてキノリンの誘導體であるが、石油成因の考察上重要な意義を有するのである。即ちキノリン等は動植物の種々なる物質の分解に依つて、容易に得られるものであり、石油原油中に廣く分布含有せられ居るといふことは其の成因が生物體に歸すべき示證である。又キノリンは高溫に於ては生成せず百度以下にて安定なるも、地球深部にて初成炭化水素の生成せられる如き高溫度に於ては分解を來すのは明かであるから、無機說の否定說であり、同時に石油生成上の熱的條件の判定點でもある。其他天然石油は旋光性があるが、該特性は生物化學構成に異極性構造の分子を生成する特性に據つて附與せられたものである。生物分子が異極性靜電場の作用、即ち環境的支配に依つて生物特有の化學作用を呈することは生物は生物より由來する自然則の原動となつて居るのであつて、石油が生物質から生物化學に據つて生產せられたといふ事は、生物體から移化した石炭を油化せしめる化學作用に於ても生物化學的條件を應用することが至當であることを暗示するものであらう。

（以下次號）

人造液體燃料の構想（其の二）

大日本炭油工業株式會社
專務取締役　楢崎皐月

本誌前號に於ては、高壓高熱下に水素瓦斯の添加を行つて、石炭を直接油化する人造石油製造方法に對し、天然石油の成因より誘發せられる構想として、石炭の地質化學的處理に依る油化法の合理性に就き述べたのであるが、今回は石炭の間接油化法であるコークスを赤熱し、之に水蒸氣を通して得られる所謂水性瓦斯を原料として、ガソリン又はメタノール等を合成する人造液體燃料の製造法に對し、雷の放電に依り大氣中に合成せられるアンモニヤ生成より誘發せられる構想に就き述べんとするものである。

瓦斯合成反應は、主として觸媒の作用に依つて行はれるのであるが、觸媒の種類に依つて異つた生成物が合成せられ又反應溫度、瓦斯の種類其他の條件で極めて鋭敏に影響せられる反應である。從つて工業化には多くの困難性があつたのであるが、合成反應條件に關する多數の研究があり逐次困難性も除去せられて、今日では最も發展性に富む人造液體燃料製造の方法として認められるに至つたのである。人造液體燃料合成に使用せられる觸媒としては鐵・ニツケル・コバルト等を主體とし活性度及耐久度を増さしめる爲に銅・トリウム・マンガン・マグネシウム・アルミニユウム等を添加した混合觸媒が適當な擔體物と共に使用せられて居る様である。

反應條件としては觸媒の他に溫度、壓力、原料瓦斯の成分、反應室溫度保持等に依り多岐的條件が存在する様である。

原料瓦斯は一酸化炭素と水素とが各々生成物に適應する混合割合を以つて組成せられて居り、其の製造は水性瓦斯を變成する方法に依るか又は水性瓦斯に骸炭爐瓦斯より分離せられる水素瓦斯を増加する方法に依るもの、或は又メタン瓦斯の分解に依るもの、其他石炭より直接製造する爲に石炭乾餾、メタン瓦斯分解及び水性瓦斯反應等の處理を結合した方法等である。原料瓦斯は觸媒の活性度保持と耐久性とを大ならしめる爲に嚴密な精製工程を實際上最も重要事項として取扱つて居る樣である。

人造液體燃料工業も近代化學工業の特徵として反應條件や原料に對し、鋭い精度を必要とすることは首肯するものであるが、一般に鋭敏なる精度は工業過程を複雜にし反應に選擇性を增さしめるものであつて一見科學的であり進步的であるが如く思考せられる精度を要する點に於て、未だ人爲が粗雜精度にかて容易に行はれて居る自然界の化學事象の機微を捉へ得ざるに因るものであると觀するものである。卽ち工程が複雜であればある程、又反應に選擇性が多ければ多い程、諸種の關聯を單純化し諸種の困難性を抑制し得る如き工業技術の勘所に關する追究を構想する研究が望ましいものである。この爲には鋭い勘を働かして自然の事象の神祕域を開發することに勉めなければならぬのであつて獨逸の科學識の綜合よりも我が國の獨性の綜合をより必要とすることを指摘するものである。

瓦斯合成に依るガソリンやメタノールの製造法は、瓦斯を使用し高壓を用ひ觸媒の作用を利用するアンモニャ合成法が基礎となつて發展した工業技法であることは周知の如くであるが、吾人はアンモニャの合成を最も大規模的に最も效果的に行つて居る自然界の化學事象として先づ、雷放電の存在することを識るものである。我國に於ては古來より雷の放電光條を稻妻と稱して居ることは雷放電に依つて大氣中にアンモニャが合成せられ地上植物の肥養に供せられ居る現象に依り、特に稻作に好影響のある事實を正しく認識した事に基く雷放電に對する親愛の呼稱であらう。從つて雷放電に近似する方法を、瓦斯合成の技法に採り入れることは、優れた化學利點が期待し得ることであらうと勘へるものである。

現在瓦斯合成の工程に放電機構が採り入れられてあつても未だ充分に成果を發揮し得る構想に據らさるものと考へるのである。

近來雷放電の近似的事象として火花放電が生成せられる機關に關し多數の研究が緊せられて居る。例へば高電壓や衝擊電壓の閃絡を對象として、陰極線オッシログラフに依る印影や超瞬時シャッターとしてカー槽を用ふる撮影等に據つて觀察せられ、或は火花放電の過渡卽ち前放電現象を抑制放電のウイルソン霧函に依る印影に據つて觀察する等放電の微細構造に至る迄判明せられ機構の理論開發に資せられて居るのである。然し乍ら斯る觀測は、多く放電火花の光に依ることが主であつて、放電の放出する光以外の輻射に就いて、又は其の化學機構に就いての闡明は未だ充分で無いのである。筆者等の乏しい實驗に於ては、放電の化

—(12)—

學は概して放電の過渡に負ふ場合が多いのであるから、反應機構には抑制放電の技能を採り入れることが利點多いものであり、又尖端コロナに依る接觸反應促進或は特に設計せられる電極の周邊に氣體分子のイオン化せられた陰陽イオンの相對する電界イオンの堆層を形成せしめて、イオンより電子の崩散放出を行はしめることは反應系に殊に膠質狀反應系には衝擊や共鳴に依つて短波長電磁振動を勵起せしめるのであつて、第二種化學勢力源となるものであり興味多い事が知り得たのである。

放電に依る化學は將來の開拓分野であつて殊に合成反應に採り入り易い技法であると考へるものである。

次に人造液體燃料合成に供せられる原料瓦斯に對する卑見を述べんとするのであるが、原料瓦斯の製法は前述の如く主として水性瓦斯反應に依つて一酸化炭素及び水素を得て居るのである。而して瓦斯分子の化學性は觸媒への吸着に依つて賦活せられるのであつて、異氣相の界面又は分子間接觸に依る化學性に對しては全く構想が無いのである。従つて反應面に於て狹域であり反應速度に於て能率的で無いと觀するものである。

アンモニヤ合成が高壓高熱下で反應せられるに對し、ガソリン合成が常壓下で行はれ得ることは大なる進歩と認めらるべきであるが、反應溫度が未だ攝氏二五〇度以上を要するのであつて、低溫度大氣壓下で行はれる雷放電のアンモニヤ合成作用に比すれば未だ遠く及ばざるものと觀すべきである。

雷放電に依るアンモニヤ合成は空氣と水蒸氣とのコロイド的氣象に於て行はれるのであつて水素源としては水蒸氣イオンよりの發生と考へられるのである。従つて大氣中に於ける水蒸氣分子の狀態を觀察することは興味あり被益せられる所多いことが考察せられるのであるが、實際に觀測することは相當困難もあり、又觀測の例も乏しいので其の眞相に關しては筆者は未だ充分知り得ないのである。

然し實驗室的に試みられた水蒸氣と空氣とのコロイド相に於ける特性に就き吟味すれば次の如くである。

一、水蒸氣イオンが核となつて氣相分子の凝集現象を活性ならしむ。

二、水蒸氣は輻射線の吸收能が大であり又水蒸氣に吸着する分子も輻射の增感質となつて長波長帶輻射線にも化學作用せられることが認められる。

三、水分子が甚だ大なる電氣的双極能率を有する爲に水蒸氣イオンに接する分子に對し誘電分極を行つて化學性を賦與し觸媒的效果に依つて分解及び合成反應を促進する

以上の如き水蒸氣の特性は大氣中に水蒸氣量を增して氣液相の所謂コロイド氣象に達したる際空中電氣に因つて雷

放電の發生に至る過渡的前放電現象が呈せられ其の作用に因つて水蒸氣のイオン化が旺盛となり、又イオン衝撃等に依る共鳴輻射が誘發せられ又大氣が化學の行はれ易い雰圍氣となり其の雰圍氣中に雷放電に伴ふ超音波振動や短波長電磁振動等が發生して何れも活性なる化學作用を營ましめるのである。斯くして大氣中の窒素と水蒸氣イオンよりの發生機水素とが一次的に又は二次的結合に依つてアンモニヤが合成せられるものと考察するのである。即ち大氣が水蒸氣に依るコロイド氣象であることと空中電氣に依る前放電現象が存在すること、並びに雷放電に伴ふ超音波振動や短波長輻射が誘起せられて接觸する分子間の化學性が活性、化することと等が雷放電化學の要素的條件と考へられるのである。

以上の如く自然界の瓦斯合成と考へられる現象も實は氣液相並びに大氣中の塵の如き固相を含むコロイド相に於て營まれて居ることは注視すべきことであつて筆者には斯るコロイド相なる所に、機微が存する如く考へられるのである。

ガソリンやメタノールの合成が常壓下大氣濕度程度に於て反應を行はしめる爲には觸媒の種類を選擇し追究することよりも、コロイド相の如き界面現象、若くは物質分子相互の接觸に依つて活性反應が行はれ得る工夫が肝要であると考へるものである。即ち最近の化學殊に合成化學が觸媒を吟味し觸媒依存に過傾して居るのに對し、界面現象並びに接觸作用の本質をもつと採り入れることに指向する構想が望ましいものであると考へるのである。

以上は主として合成反應に關する技法に就き述べたのであるが筆者は現在の合成用原料瓦斯の製造方法に對しても不尠慊らず思ふものである。即ち赤熱せられた炭素に水蒸氣を通して分解結合せしめる水性瓦斯反應又は一酸化炭素に水蒸氣を通して變成せしめる反應に於て熱く觸媒の手段のみを利用して居ることは今日の工業技術に於て優れた方法として考へられて居るのであるが、放電化學を併用する餘地と利點が充分考察し得るのである。尚更らに上乘なる策は炭素と水との共存に於て熱せられること無く反應せしめる構想の下に優れた技法を現出せしむべきであると思考するのである。水は將來共に水素源として益々活用せられるであらうが、水の分解に給與せられる努力としては遠からず放射並に輻射が應用せられるに至るであらう。我國の知性に富む人達は科學識者と協力して優れた構想を發展せしめ、一日も早く獨逸技術を凌駕することに勉む可きである。（以下次號）

—（ 14 ）—

人造液體燃料の構想（其の三）

大日本炭油工業株式會社
專務取締役　楢崎皐月

人造石油製造の直接液化法及び瓦斯合成法に關しては前述の如く其の所見を述べたのであるが、今回は乾餾の技術上の構想に就き所見を述べることにする。

石炭類又は油母頁岩を乾餾して液體燃料を補給する方法は既に陳腐なる技法であるが、我國に於ても最も重視せられて居る情況である。石炭を五百度内外の低溫度にて乾餾する場合、原料炭の約一割程度の低溫タール を收得し、其の蒸溜又はクラッキングを行つて輕質中性油を製造するのが通常である。最近はタールに水添を行つてガソリン化せられる爲に、乾餾法は水添法と關聯せられる工業である。殊に、石炭乾餾に依つて副產せられる半成コークスは水添法の水素製造用に又合成法の原料瓦斯生產用に利用せられるに至つたので、我國の現狀に於ては石炭乾餾は人造石油工業の一環であると謂ふよりも石炭液化工業の基底工業として重視せられるに至つたのである。

我國に於ける水添直接法に於て高壓反應器が整備困難なる現況にあり、又、灰均質を條件とする原料炭の多量の確保が困難なる事情等の爲に、既に企畫せられた設備はタールの水添に振り向けることが得策である。又、瓦斯合成法に於て半成コークスを原料瓦斯製造に企畫せられてゐる關係上、石炭乾餾事業を以て人造石油製造の基底的工業とする構想は、一應其の合理性を認めなければならぬのである。けれども、低溫乾餾法を基底として水添法や瓦斯合成法を關聯せしめるブロックシステムは次の如き事由で優れた構想ではないのである。

即ち、瓦斯合成工業と低溫乾餾工業とが半成コークスを利用する水性瓦斯工程や瓦斯變成工程を通して連結せられて居るのであるから、其の終末生成物であるガソリン又はメタノールに到達する迄には甚だ大なる熱量の損失を行つてゐるのであつて、原料石炭を浪費して居ることを認識すべきである。水添法との連結に於ても同一である。又何れにしても在來技法に依る乾餾と關聯せしめる場合は油の得準は低下せらるゝのである。三製法のブロックシステムは一見相補的であつて經濟性を高めることが豫想せられるのであるが、油量の増加は圖り得ないのであつて油質の向上に幾分寄與するに過ぎないのである。斯る觀察に據つて石炭乾餾法が現在の如く半成コークスの生産を主要とするカーボニゼーションである限り、現在の如き關聯企業制度に據つて進展せしむるは國防力を低下せしむる結果を招來することであつて一日も早く改革せらるべき事なるを指摘するものである。

乾餾法は本質的に既に不利なることが認められて長い間多くの人達に依つて技法改善が企圖せられたものであり、合成法も直接液化法も等しく乾餾法の改善を企圖して發展したる技法なることを想起すべきである。

我國人造石油工業の現段階に於ては前述の如く、高壓水添に依る直接法は原料炭と化學機器の工作力とに支配せられる爲に發展性に乏しい方法であり、合成法に依るガソリンの製造は良適の觸媒が入手困難であり、反應條件が多岐性であり、且つ生成油が低品位である關係上この方法に重點を置いて發展せしむることも考慮を要することである。

此處に於て乾餾法が再吟味せられ油狀物を主要生成物とする技法の完成に努力を向けらる可きことが要請せられるのである。

最近の科學知見を綜合すれば乾餾に於けるコークス生成量を極力減少せしめて油狀物の増量を圖ることも、又は合成用原料瓦斯の生成を主要とする方法も構想し得ることを確信するものである。

吾人は乾餾法を吟味し之を基礎として我國情に最も適當する油化法が案出せられ、現行の直接法や合成法を過去のものたらしむることを希求し、讀者の共鳴を促さんとするものである。

通常石炭は大別すれば三百五十度内外の溫度にて分解せられる樹脂質と七八百度の溫度にて分解せられる纖維質とに依つて組成せられて居るのである。高溫度で乾餾すれば低溫度分解質が二次的分解を行つて高溫分解質と作用し、多種類の複雜なる生成物が出來るのである。

一般の低溫乾餾は五百度内外の溫度にて乾餾せられ、メタン瓦斯を主とする瓦斯の量が原料炭の一割五分程度、脂肪族炭化水素に富むタールが一割程度生成せられ四百二十度内外の發火溫度である半成コークスの量が七割程度生成せられるのである。

特殊の工夫に依つて低溫度にて高溫分解質が分解せられる場合は半成コークス量は著しく減量するのである。

而して、特殊の工夫は多く觸媒に依るのであつて、觸媒の種類に因りタールの増量に進むか瓦斯の増量に向ふかが決定せられるのである。

適當なる觸媒と此を善用する方法が發見せられるならば石炭質の全部は低溫度分解が可能であると思考するものである。

石炭質の低溫度分解を所期の手段として、觸媒を用ふる接觸乾餾方法以外に前處理を施す加工乾餾の方法が攻究せられて居る。

例へば、前處理としてブタン、エタン等の瓦斯の添加を行つて後に低溫度乾餾を行へば原料炭の六割以上の良質なるタールが生產せられる實驗がある。又乾餾に際して他の勢力又は物質を添化して良質のタールを多量に得ることが出來る。

例へば水素氣中にて高壓を施して乾餾を行ひ中性油に富むタールを增量せしめた實驗がある。斯の方法が基礎となつて現在の高壓水添に依る直接液化法を案出せられたのである。

或は又、石炭が熱の不良導體であつて乾餾の場合石炭の與熱に多くの時間と燃料を要するのであるが、水蒸氣を通し放電を利用すれば短時間にて乾餾を了し生成せられるタールは質改善が行はれて增量せられる實驗等がある。

其他乾餾溫度を低下せしめタールの增量を圖る方法には石炭とタール又は重質油との混和を行ひ乾餾すれば效果の多い事が報ぜられて居る。斯る實驗に於て最も興味を以て注目せられる點は、殘留せられるコークスの炭素質が著しく發火溫度が低いことである。

斯の現象は石炭を低溫乾餾するに際して其の保有する炭素質が活性化せられることに因るものであつて、同時に活性化炭素の觸媒作用がタールの增量と質的改善に關與することを示證するものと解するのである。

從つて活性炭素の少量を觸媒として添加し低溫にて乾餾するならばタール質の改善と增量とが認められ、又半成コークスの炭素質も大いに活性化せられることが實證せられるのである。斯の如く活性物質の存在に依つて反應物が活性化せられ目的とする效果を高めて居る事象に就き深く考察するならば、それは給與する熱勢力以外に石炭質を組成する物質の具有する化學性を重視すべき事を示唆するものである。即ち石炭質の化學的性質を出來得る丈け活性狀態にして置くといふことが乾餾の前處理として前提的要件であることを示すものである。一般に化學的活性狀態は勢力を與へて物質を賦活することに依り行はれて居るのであるが、給與勢力により物質を賦活することは物質の具有する化學性を間接的に利用することであり、界面作用や接觸作用の如く物質に賦存する即ち具有する勢力に依り活性化することは物質の化學性を直接的に利用することである。

—(104)—

從つて石炭物質の賦存勢力に依り直接的化學性を、利用し易い狀態に換へることは觸媒を使用するか若くはゾル狀膠質狀に遷移せしむることに歸するであらう。

筆者が直接法に關する所見に於て前述したる如く、石炭油化法は膠質化學的に處理せらるゝことに指向すべき事を指摘したのであるが、乾餾法の前處理工程としても膠質化を重要とするものと考へるのである。又ゾル狀に移行せられる場合乾餾時の反應を有效ならしむる爲には、水素又は水素を結合したる瓦斯を吸着しあることが望ましいのである。從つて乾餾の前處理工程はゾル狀移行と有效瓦斯の加着といふ構想であり、乾餾即ち加熱工程は油化反應工程である。斯る乾餾方法に依つて得らるゝ油狀物は更らに質的改善の爲に水添工程と直結せられて品位向上を圖る構想が必要があらう。瓦斯の合成方法と直結せられる乾餾工程に對しては完全瓦斯化と共に變成が行はれ得る構想が必要であり、前處理を施すことよりも主として觸媒並びに水蒸氣が併用せられ、放電化學の機構を巧妙に採り入れる構想に依つて企圖せらるゝことが適當であり、效果的である。

（以下次號）

× × × ×

新東京鑛山監督局長

宮田忠雄氏

前局長妹川武人氏の跡を受けて、特許局審判部長の椅子から轉じて、宮田忠雄氏が八月二十六日附を以て東京鑛山監督局長に就任した。

明治三十三年四月神奈川縣に生をうけ、今年四十二歳の厄年に當る。大正十三年東大獨法科の出身で、卒業の前年高文合格の頭腦の冴へを見せてゐる。國を役人としての振出しに事務官から貿易局に轉ずる迄約六ケ年を特許局に過し、貿易局に入つてからは滿洲、支那、表南洋、濠洲、ニュージーランド、ヒリピン等の所謂東亞共榮圏を視察して歸つてゐる。更に商工大臣秘書官時代に歐米各國を約九ケ月に亙つて巡歷、再び古巣の特許局に歸つたが幾何もなく、昭和十二年貿易局が外局に昇格と同時に轉じ、外遊の經驗にものを云はせて辣腕を振つた。

鳥逃ひの鑛業行政は昭和十四年七月から約一年二ケ月の大阪鑛山監督局長時代に經驗濟みであるから今回は仕事も樂に出來ることゝ思はれる。監督局中でも最も重要な福岡には先輩中村局長があるが山田（仙臺）、酒井（札幌）、山口（大阪）の各局長は何れも同期だから局長會議は恰も同窓會の感がある。兎も角、時局柄鑛業行政の重要な秋であるからしつかり氣を揃へてやつて貰ひ度いものである。

日本のニコラ・テスラ　ミスターカタカムナ

発行日　2024年9月24日　初版第1刷発行
著者　天野成美
板野肯三
発売元　株式会社 星雲社（共同出版社・流通責任出版社）
〒112-0005
東京都文京区水道1-3-30
TEL03-3868-3275　FAX03-3868-6588
発行所　株式会社 一（ハジメ）
〒556-0017
大阪市中央区難波4-1-15
近鉄難波ビル1-3F
電話 06-7713-5342　FAX 06-6586-6638
URL katakamunalabo.com
印刷所　有限会社 ニシダ印刷製本

ISBN978-4-434-34493-0　C0023